우리가
꿈꾸는
나라

지혜의 시대

우리가
꿈꾸는
나라

노회찬

창비
Changbi Publishers

일러두기

이 책은 지난 2018년 2월 20일 창비에서 주최한 '지혜의 시대' 연속특강 중 고(故) 노회찬 의원님의 강연 '촛불시대, 정치는 우리 손으로'를 바탕으로 만들어졌습니다. 강연 녹취 후 저자 교정 중에 노 의원님께서 유명을 달리하셨습니다. 유가족과 논의하여 이 책의 출간을 결정했으며, 강연 내용에 덧붙여 고인을 기리는 유시민 작가와 이정미 정의당 대표의 추도사, 그리고 안재성 소설가가 정리한 고 노회찬 의원의 약전을 함께 수록했습니다.

다음 생에서 또 만나요

우리에게 다음 생이란 없다.
저는 그렇게 생각하며 살아왔습니다.
지금도 그렇다고 믿습니다.
그렇지만 다음 생이 또 있으면 좋겠습니다.

그때 만나는 세상이 더 정의롭고,
더 평화로운 곳이면 좋겠습니다.
그래서 누구나 온전하게 자기 자신에게 행복한 삶을
살아도 되면 좋겠습니다.

회찬이 형, 늘 형으로 여겼지만 단 한번도 형이라고

불러보지는 못했습니다.

　　오늘 처음으로 불러볼게요.

　　형! 다음 생에는 더 좋은 곳에서 태어나세요.

　　더 자주 더 멋지게 첼로를 켜고,

　　더 아름다운 글을 더 많이 쓰고,

　　김지선님을 또 만나서 더 크고 더 깊은 사랑을 나누
세요.

　　그리고 가끔씩은 물 맑은 호수로 저와 단둘이 낚시를
가기로 해요.

　　회찬이 형.

　　완벽한 사람이어서가 아니라, 좋은 사람이어서 형을
좋아했어요.

　　다음 생은 저도 더 좋은 사람으로 태어나고 싶어요.

　　그때는, 만나는 첫 순간부터 형이라고 할게요.

잘 가요, 회찬이 형.

아시죠? 형과 함께한 모든 시간이 좋았다는 것을요.

2018년 7월 26일

고(故) 노회찬 의원 추도식에서

유시민 작가

꼭 필요한 사람, 노회찬

사랑하는 대표님!

수만의 시민들이 전국 곳곳에서 대표님을 추모해주셨습니다. 감사합니다. 초등학생부터 구순 어르신까지. 막 일을 마치고 땀자국이 선연한 티셔츠를 입고 온 일용직 노동자부터 검은 정장을 정중히 입은 기업 대표까지. 남녀노소 각계각층의 많은 분들이 오셔서 원내대표님의 마지막 가는 길에 함께했습니다.

나이도 성별도 하는 일도 다르지만 이분들이 저의 손을 잡고 울먹이며 하시는 말씀은 모두 같습니다. "대한민국에 꼭 필요한 사람이었다." '꼭 필요한 사람'. 이보다 노회찬을 더 잘 설명할 수 있는 말은 없을 것입니다. 노회찬

원내대표가 세상을 떠나자 많은 단체가 추모 성명을 냈습니다. 그들은 해고 노동자이고, 산재로 자식을 잃은 어머니이자 아버지였으며, 장애인, 여성, 성소수자였습니다. 노회찬이 우리 정치에 없었다면 간절한 외침을 전할 길이 없었던 약자들이 노회찬의 죽음에 누구보다 슬퍼하고 있습니다.

노회찬의 정치 이력은 바로 이들을 대변하고, 이들의 삶을 바꾸는 길이었습니다. 대학생 노회찬은 노동 해방을 위해 용접공이 되어 인천으로 향했고, 일하는 사람을 대변하는 진보정당을 만들기 위해, 이제는 이름조차 기억하기 힘든 진보정치 단체들을 두루 이끌며 청춘을 바쳤습니다. 진보정당 탄생 후에는 그 성공에 모든 것을 걸었습니다. 그리고 생의 마지막 순간, 그가 만들고 키워온 정의당을 위해 그의 삶을 통째로 바쳤습니다.

그래서 노회찬을 잃은 것은 그저 정치인 1명을 잃은 것이 아닙니다. 우리는 약자들의 삶을 바꿀 수 있는 민주주의의 가능성 하나를 상실했습니다. 노회찬, 당신은 대한

민국 역사상 가장 위대한 정치인은 아닐지라도 우리에게 없어서는 안 되는 단 한 사람이었습니다.

2013년 2월 14일, 삼성 X파일 대법원 선고로 의원직을 상실한 날, 억장이 무너진 당직자들에게 당신이 처음 했던 말이 "물의를 일으켜 죄송합니다"였습니다. 분노의 눈물을 삼킨 동료들에게 오히려 웃음과 유머를 보였습니다. 당신은 하늘이 주신 이 재능으로 시민들에게 정치의 통쾌함과 즐거움을 안겼습니다. 그 유쾌함은, 위기와 역경을 낙관으로 이겨온 사람만이 가질 수 있는, 내면의 단단함에서 나왔습니다.

그러나 노회찬은 불같은 분노와 강직함을 함께 갖고 있었습니다. 2013년 의원직 상실 직후 가진 기자회견에서 "다시 그날로 돌아가도 삼성 X파일을 공개하겠다"고 말하는 지독한 고집쟁이였습니다. 마지막 유품인 10년이 넘은 양복 두벌과 낡디낡은 구두 한켤레에서, 스스로에게 엄격했지만 너무도 소박했던 노회찬을 봅니다. 우리 정치를 이상적이고 높은 수준으로 끌어올리기 위해 부단히 노력했던 노회찬을 다시 확인하게 됩니다. 국민들은 이런 노회찬을 보며 저기 국회에도 자기편이 1명쯤은 있다고 안심할 수 있었습니다. 한결같은 노회찬을 보며, 많은 정치인들은 정당과 정견은 다르더라도 그를 존중했습니다.

이처럼 소중한 노회찬이, 무겁고 무거운 양심의 무게에 힘겨워할 때 저는 그 짐을 함께 나눠 지지 못했습니다. 당신이 오직 진보정치의 승리만을 염원하며 스스로가 디딤돌이 되겠다는 선택을 할 때도 그 곁에 있어주지 못했습니다. 당원들과 국민들께 너무나 죄송합니다.

정의당은 약속드립니다. 조문 기간 백발이 성성한 어른께서 저의 손을 잡고 "정의당 안에서 노회찬을 반드시 부활시키라"고 당부하셨습니다. 저와 정의당은 그 말씀을 마음에 새기고 반드시 지키겠습니다. 노회찬의 정신은 정의당의 정신이 될 것이며, 노회찬의 간절한 꿈이었던 진보 집권의 꿈은 이제 정의당의 꿈이 될 것입니다.

존경하는 국민 여러분!

문희상 의장님과 선배 동료 의원 여러분!

노회찬 대표의 2012년 정의당 창당대회 연설을 기억합니다. 노 대표는 투명인간들에 대해 말했습니다. 매일 새벽 4시 서울 구로구에서 6411번 버스를 타고 강남의 빌딩으로 출근하는 여성노동자들은 진보정당에서조차 투명인간이었다고, 그는 반성했습니다. 그러면서 "그분들이 냄새 맡을 수 있고, 손에 잡을 수 있는 곳으로, 이 당을 함께 가져가자"고 했습니다.

노회찬의 이 다짐이 정의당만의 다짐이 되어서는 안 됩니다. 한국 정치가 너나없이 투명인간으로 취급해온 일하는 사람들, 소수자들, 약자들을 향해 이제 함께 나아가야 합니다. 그렇게 되도록 정치개혁과 시민의 삶을 바꾸는 개혁에 나서야 합니다. 그렇게 될 때, '여기서 멈추겠다'고 했던 노회찬은 결코 멈추지 않고 우리와 함께 '당당히 나아갈 것'입니다. 그리고 마침내 한국 정치 변화의 상징으로 남게 될 것입니다.

사랑하는 우리의 벗, 존경하는 나의 선배 노회찬이시여. 부디 영면하십시오. 먼 훗날 다시 만나면, 수많은 노회

찬의 부활로 진보정치의 큰 꿈을 이루고 이 나라가 평등
평화의 새로운 대한민국이 됐다고 기쁘게 이야기 나눌 것
입니다.

2018년 7월 27일
고 노회찬 의원 영결식에서
이정미 정의당 대표

차례

우리가
꿈꾸는

나라

우리의 전직 대통령은
몇명인가

'지혜의 시대' 특강에서 여러분을 만나 뵙게 되어 반갑습니다. 제가 강연 요청을 받고 3초 고민한 뒤 수락했습니다. 자랑은 아니지만 평소에 이런저런 곳에서 강연을 많이들 요청하는데, 창비에서 불렀기 때문에 길게 고민하지 않았습니다. 제 인생을 만든 책 100권을 꼽으라고 하면, 그 앞자리에 『창작과비평』 잡지가 있을 것 같습니다. 고등학생 때 처음 『창작과비평』을 접한 이후 지금까지 줄곧 읽어왔는데, 그래서 무의식중에 창비가 부르면 가야 한다고 생각했던 것 같습니다.

오늘 나눌 이야기는 '촛불시대, 정치는 우리 손으로'라는 주제입니다. 거친 표현으로 쓰여 있긴 한데, 우리가 지금 어디에 서 있고 어디로 가야 하는가 하는 질문을 고민하는 자리 같습니다. 제목에는 '촛불시대'라고만 되어 있지만 정확히 말하면 촛불 이전 시대와 촛불 이후 시대가 있는 것입니다. 저도 그렇고 여러분도 그렇고 모두 두 시대를 거치고 있습니다. 우리는 모두 촛불 이전 시대에 태어났습니다. 영어로는 서력기원전을 비포 크라이스트(Before Christ), BC라고 쓰는데, 촛불 이전 시대는 '비포 캔들'(before candle)이라고 할 수 있겠지요.

촛불 이전의 철학과 사고로 살아가는 사람들, 아직도 그 시대인 줄 알고 사는 사람들이 있습니다. 예를 들어 503호를 꼽을 수 있겠지요. 우리는 기원전에 태어났지만 기원후를 어떻게 보낼까를 고민하는 사람들일 것입니다. 촛불 이후의 시대, 앞으로 잘 가꾸어서 지속해야 할 이 시대, 우리가 만들어가야 할 시대. 우리는 모두 시대적 전환기를 살고 있다고 생각합니다.

지금 우리는 어디 서 있습니까. 작년 가을로 기억하는데, 텔레비전에서 우연히 미국의 재난 장면을 보았습니

우리는 촛불 이전에 태어났지만 촛불 이후를 어떻게 보낼까 고민하는 사람들일 것입니다.

다. 해마다 9월이면 허리케인이 미국 남부를 훑고 지나가면서 많은 이재민이 발생합니다. 텔레비전에서 본 장면은 재난을 겪은 어떤 도시에서 있었던 큰 행사였습니다. 무대 위에 낯익은 얼굴들이 있었습니다. 미국의 전직 대통령들인데, 모두 5명이었지요. 가장 먼저 카터, 아버지 부시, 아들 부시, 그다음에 클린턴, 그뒤로 오바마가 나왔습니다. 살아 있는 전직 대통령이 5명이구나 하는 것을 금방 알 수 있었습니다.

조금 있다가 갑자기 스크린이 내려왔는데, 누가 나타났을까요? 바로 트럼프 대통령이었습니다. 전직 5명과 현직 1명이 한자리에 있었던 것입니다. 그들이 모인 이유는 미국인들에게 호소하기 위해서였습니다. 허리케인으로 고통을 겪는 시민들에게 후원하자는 모금 운동을 벌이는 자리였던 것이지요.

저는 그 장면을 보면서 가슴이 뭉클했습니다. 물론 트럼프가 등장하긴 했지만, 좋은 장면이었고 부러운 장면이었습니다. 미국에 저런 면도 있구나 하고 감탄했습니다.

다른 한편 갑자기 마음이 허전해졌습니다. 왜 그랬을까요? 우리를 되돌아보았기 때문입니다.

그때 제가 처음으로 우리나라의 전직 대통령은 몇명인지, 살아 있는 전직 대통령은 몇명인지 세보았습니다. 몇명입니까? 4명입니다. 전두환·노태우·이명박·박근혜. 그런데 4명 중에 2명은 갔다 왔고, 2명은 가 있고… 그러니까 지금 다른 나라 대통령은 5명 모두 무대 위에 올라가서 국민들에게 우리가 뭉쳐야 한다고 호소하는 아주 아름다운 장면을 만들어내는데, 우리나라는 생각하기도 좀 불편한 그런 처지에 전직 대통령들이 놓여 있는 것입니다.

헌정사 70년,
개헌의 역사

지금 우리는 어디에 서 있고 어디로 가야 합니까. 요즘은 운전에 내비게이션이 거의 필수가 되었는데, 길을 찾을 때는 두가지가 필요합니다. 우선 내가 어디에 있는가 하는 현 위치, 그리고 어디로 가는가. 이 둘 중에 하나라도 없으면 길을 찾는 것은 어렵습니다. 역사도 마찬가지입니다. 우리가 장래에 어디로 나아갈지 모색하려면 그전에 우리가 지금 어디에 있는지부터 확인해야 합니다. 우리가 마주하고 있는 불행한 장면, 한국 전직 대통령들의 현재 모습은 바로 우리의 현주소를 가르쳐주는 여러 요소 중 하나라고 생각합니다.

이것만이 우리의 현주소를 상징합니까? 그렇지는 않

지요. 최근 이슈가 워낙 많아서 다소 잠잠해졌지만, 개헌 역시 우리의 현주소를 알려주는 중요한 요소입니다. 개헌의 역사, 헌법의 역사, 헌정사를 돌아보면 우리의 위치를 알 수 있습니다. 올해가 2018년이지요. 헌법이 처음 만들어진 지 70년이 되었습니다. 1948년에 헌법이 만들어졌고 헌법을 공포한 날을 제헌절로 정했습니다. 우리 헌법은 나이가 일흔살인 겁니다. 그 일흔살 헌법이 몇번 고쳐졌습니까. 아홉번 고쳐졌지요. 만약에 이번에 고쳐진다면 10차 개헌이 되는 겁니다.

그 아홉번의 개헌이 70년간 이뤄진 것은 아닙니다. 좀더 들여다보면 마지막 개헌이 1987년에 있었습니다. 그렇다면 첫 헌법 제정이 1948년이었고 마지막 개헌이 1987년이었으니까 70년 역사 중에서 앞선 40년 동안 아홉번의 개헌이 있었던 것입니다. 우리 헌법은 태어난 뒤로 5년마다 한번씩 개정되었던 셈입니다. 그러다 30년 전에 마지막 개헌이 이뤄졌지요. 마지막 개헌이 오래전이라 그 개정을 기억하는 분들은 이미 나이가 꽤 있으실 것입니다.

어떤 분들은 어릴 때의 일이라서 기억하지 못할 것이고, 그뒤에 태어난 분들이야 두말할 것도 없겠지요.

개헌에 관해 지금까지 이야기한 내용에는 굉장히 많은 의미가 담겨 있습니다. 맞아떨어지지는 않지만 쉽게 비유해보지요. 한 사람이 나이가 일흔인데, 태어나서 성형수술을 아홉번 받았습니다. 마지막으로 수술을 받은 건 마흔살 때였습니다. 그러면 일흔인 지금은 얼굴이 어떨까요? 우리 헌법의 지금 상황이 이와 비슷합니다.

물론 중요한 건 횟수가 아니라 내용입니다. 아홉번의 개헌 중에서 국민들이 박수 치면서 함께하고, 국민들을 위해 만들고, 국민들이 실질적으로 동의하고, 평화롭게 이뤄지고, 이런 다양한 면모를 갖춘 개헌은 세번 있었습니다. 4·19혁명 후에 이뤄진 두번의 개헌, 그리고 영화로도 다뤄졌던 1987년 6월민주항쟁 후에 이뤄진 개헌입니다. 6월민주항쟁 후의 개헌은 많은 사람들의 힘으로 쟁취한 마지막 개헌이며, 대통령제와 직선제를 이끌어낸 개헌이지요. 이러한 세번의 개헌을 제외한 여섯번의 개헌은 모두 독재자가 자기 개인을 위해 헌법을 개정한 것입니다.

국민을 위했든 독재자를 위했든, 헌법 개정의 역사가 오늘날 우리 사회를 만들었습니다. 우리는 지금 여기에 있다는 이야기는, 우리가 어떤 길을 거쳐 여기에 왔는가 하는 것을 알려주는 말이기도 합니다. 오늘의 대한민국을 만든 것은 무엇인가, 대한민국이 어떤 길을 거쳐왔는가. 아홉번의 헌법 개정을 거쳐 여기까지 온 것입니다.

아홉번의 개헌 중 국민을 위해 이뤄진 세번의 개헌 외에 나머지 여섯번의 개헌에 대해 살펴보지요. 첫번째 개헌은 정부가 세워지고, 즉 헌법이 만들어지고 4년 만에 이뤄진 개헌이었습니다. 왜 4년 만에 개헌을 했을까요? 당시 대통령 임기가 4년이었기 때문입니다. 첫 대통령 누굽니까? 이승만 대통령이지요. 이승만 대통령은 어디서 뽑혔습니까? 국회에서 선출됐습니다. 당시 우리나라 헌법을 기초한 사람들은 서구민주주의를 따라 우리나라도 가장 민주적인 제도로 의회 활동을 시작해야 한다고 생각했습니다. 그래서 대통령도 국회에서 뽑도록 했지요. 그런데

국민을 위했든 독재자를 위했든,
헌법 개정의 역사가 오늘날 우리 사회를 만들었습니다.

국회에서 뽑힌 이 대통령이 4년 만에 인심을 다 잃었습니다. 1950년의 제2대 국회의원 선거에서는 이승만 지지자들이 대거 낙선하고, 무소속 의원들이 의석의 절반을 넘게 차지하며 수많은 정치세력이 국회에 난립하게 되었지요.

이승만 대통령은 연임을 하고 싶었습니다. 그런데 자신의 지지자가 소수인 국회에서 대통령을 선출하는 방식으로는 떨어질 것이 확실했지요. 그래서 대통령 선거 방식을 바꾸려고 했습니다. 어떻게요? 국민이 직접 뽑는 것입니다. 국회의원 선거는 자신의 뜻대로 되지 않았지만, 그때까지도 많은 국민이 이승만 대통령을 나라의 아버지, 국부로 인식하고 있었기 때문입니다.

이승만 대통령이 자신의 당선을 위해 국민이 대통령을 뽑도록 바꾼 것이 첫번째 개헌입니다. 당연히 많은 사람들이 반발했지요. 폭력적인 사건들도 많이 일어났습니다. 국회의원 수십명을 태운 통근버스를 국회가 아닌 다른 곳으로 끌고 가서 억류하기도 했지요. 지금으로서는 상상하기 힘든 폭력 사태 끝에 1952년에 개헌이 이뤄졌습니다. 주요 내용은 대통령은 국민이 뽑되 한차례 중임에 한한다는 것입니다. 이렇게 개헌하고 불과 1개월 뒤에 제2대 대통령 선거가 치러졌습니다. 이승만 외 다른 후보들은 준비할 시간도 부족했고, 결국 압도적 차이로 이승만 대통령이 다시 당선되었지요.

이승만 대통령은 두번째 대통령 임기가 끝나갈 무렵, 즉 1954년에 또 개헌을 합니다. 그때는 왜 개헌을 했을까요? 당시 국민이 이승만 대통령을 또 뽑지도 않았겠지만, 대통령을 두번만 할 수 있으니 애초에 출마부터 할 수 없지 않습니까? 그래서 이승만 대통령 자신이 또다시 출마하기 위해, 3선을 하기 위해서 개헌하려고 한 것입니다. 이승만 대통령이 마주한 가장 큰 문제는 국회가 개헌에 반대한다는 사실이었습니다. 이때 그 유명한 '사사오입 개헌'이 벌어집니다.

개헌을 하려면 국회의원 중 3분의 2 이상의 동의를 얻어야 했습니다. 그런데 국회에서 투표를 해보니 약간 모자랐습니다. 1명. 당시 재적의원이 203명이라 3분의 2는

135.3333…이었습니다. 사람은 0.3명이 있을 수 없으니 1명으로 보지 않습니까? 그러니까 국회에서 136명 이상의 동의를 얻어야 했는데, 투표에서는 135명만 개헌에 찬성했습니다. 그 자리에서 헌법개정안이 부결되었지요.

이날 밤 모 국립대학 수학 교수의 옆구리를 찔러서 135.3333…은 반올림(사사오입)하면 135다, 이런 수학적 결론을 얻어냈습니다. 수학에서야 1.3은 반올림하면 1이지만, 사람으로 하면 2명으로 쳐야 하는 것 아닙니까? 0.3명이라는 것은 존재하지 않으니까요. 당시 여당이었던 자유당은 135명만 찬성해도 개헌이 되는데 잘못 계산해서 부결이 되었다, 이렇게 억지를 썼습니다. 그리고 3선 개헌을 통과시켰지요. 이게 두번째 개헌입니다. 다들 아시다시피 결국 이승만정권은 3·15부정선거 탓에 국민의 분노를 사서 쫓겨났습니다.

4·19혁명 후에 이승만정권 때 이뤄진 개헌을 바로잡는 헌법 개정이 두차례 있었습니다. 그 첫번째가 잘못된 대통령제를 바꾸자는 것입니다. 대통령제를 해서 결과적

으로 12년 동안 이승만의 독재밖에 경험하지 못했기 때문에 의원내각제로 바꿨습니다. 그리고 또 한번의 개헌을 통해서 적폐를 청산하려고 했습니다.

4·19혁명 후의 적폐청산은 주로 4·19혁명의 원인이 되었던 3·15부정선거의 주모자들을 처단하는 것이었습니다. 이것을 하려다보니 소급입법, 즉 새로이 만든 법은 그 법이 만들어지기 전에 일어난 범죄를 처벌하지 못한다는 원칙이 걸림돌이 되어 처벌할 수 없었습니다. 그래서 헌법을 개정해서 관련 법이 만들어지기 전의 3·15부정선거 범죄도 처벌할 수 있게끔 했습니다. 이렇게 두번의 개헌이 있었습니다. 네번의 개헌이 이승만정권을 둘러싸고 일어난 것이지요.

다섯번째 개헌의 주인공은 박정희 대통령입니다. 쿠데타를 일으키고 개헌을 했지요. 당시에는 국회가 해산되어 있었기 때문에 군인들로 구성된 국가재건최고회의라는 곳에서 국회를 거치지도 않고 헌법개정안을 통과시켰습니다. 처음으로 헌법 전문을 수정하여 4·19혁명과

5·16쿠데타가 새 헌법의 정신적 기반이라는 내용을 넣었고, 단원제 국회와 한차례 중임할 수 있는 대통령제를 채택했지요. 여섯번째 개헌도 박정희정권 때 이뤄졌습니다. 이승만처럼 3선 대통령이 되기 위해서 한차례만 중임할 수 있다고 한 헌법을 고쳤지요.

이제 7차 개헌 차례입니다. 바로 유신헌법입니다. 박정희 대통령은 3선을 넘어 4선까지 하고 싶었지만 헌법을 다시 고치기는 어려웠습니다. 그래서 나온 것이 기한 제한 없이 대통령을 할 수 있도록 하는 헌법입니다. 1972년의 일이지요. 유신체제하에서는 정당의 정치활동이 중단된 것은 물론이고 기존 헌법의 일부 조항도 무력해졌습니다. 국회가 해산되어 비상국무회의가 그 역할을 대신했고, 대학교 휴교, 언론 검열 등이 자행되었지요.

8차 개헌은 전두환정권 때 이뤄졌습니다. 대통령 간선제를 채택하고 임기를 7년으로 늘렸지요. 계속해서 독재자들이 등장합니다. 이제까지 이야기한 8차의 개헌은 어떤 개헌이었습니까? 4·19혁명과 6월민주항쟁 후에 이뤄진 개헌을 제외하면 전부 독재자들이 자기 임기를 늘리고, 권력을 강화하기 위해서 헌법을 이용한 것입니다. 이것은 즉 1948년부터 1987년까지 40년 가까이, 아주 짧은 시기를 제외하면 우리나라는 민주주의국가가 아니었다는 것을 뜻합니다. 거의 4년마다 한번씩 독재자들이 총칼을 앞세워 국회를 무력화하고 자기 권력을 키우기 위해 불법적 개헌을 자행했습니다.

이러한 불법적 개헌의 흐름을 끊은 것이 1987년의 9차 개헌, 앞서 말했듯 6월민주항쟁 후에 대통령 직선제를 채택한 헌법 개정이었습니다. 1987년부터 30년간 헌법이 개정되지 않은 이유는 9차 개헌이 이전처럼 불법적인 개헌을 안 하도록, 못 하도록 만든 덕분입니다. 저는 9차 개헌 후 30년간 국민의식이 성장하고, 제도가 발전하고, 민주주의가 성숙해지면서, 최소한 정치 영역에서는 초보적이나마 민주주의가 실현되었다고 봅니다. 지금까지 우리가 지나온 70년을 압축적으로 설명드렸습니다.

촛불이 준
과제들

　　지난 30년은 그에 앞선 40년보다 훨씬 나은 시절이었습니다. 이제 누가 쿠데타를 일으킬까, 군인들이 들고일어날까 크게 걱정하지 않습니다. 어느날 느닷없이 잡혀가서 남영동에서 고문당하고… 이런 것들이 아직도 개인에 의해, 일탈한 경찰이나 수사관에 의해 이뤄질지는 몰라도 과거처럼 조직적으로 전면적으로 이뤄지지 못한다는 점에서 과거보다 나아진 것이 사실입니다. 구속영장 없이 체포된다거나, 잡혀가서 40일이 지났는데 사람이 어디 갔는지도 모른다고 하거나, 나중에 알고 보니 남산에 있었다거나, 이런 일들이 비일비재하게 일어나던 시절은 끝난 것이 사실입니다.

그렇다면 2016년부터 2017년에 걸쳐 우리가 경험한 촛불은 무엇일까요? 이렇게 30년 동안 헌법 한번 안 고치고 민주주의를 지키며 잘 살아왔는데, 촛불은 무엇일까요? 앞서 촛불 전과 후가 크게 다르다, 지금 우리는 역사적 전환기에 있다, 이렇게 말했지요. 그런 점에서 촛불은 무엇이냐, 촛불은 왜 일어났느냐를 볼 필요가 있습니다. 촛불이 촉발된 계기는 박근혜 국정농단 사건입니다. 박근혜, 최순실, 정유라 등으로 이어지는 사람들이 주범이 되어 일으킨 사건에 국민들이 격분해서 세상을 바꾸어놓았지요.

그런데 과연 국정농단 사건이 그들만의 문제였을까요. 2017년 초에 열린 다보스포럼에서 어떤 국제기구의 대표가 한국 이야기를 했습니다. 2017년 1월이면 헌법재판소에서 박근혜 대통령에 대한 탄핵심판 선고를 내리기 전이었고, 특검의 수사가 시작된 지 한달이 채 안 되던 시점이었고, 그 추운 겨울 매주 토요일마다 많은 사람들이 촛불 들고 모이던 시절이었습니다. 그때 매년 1월 스위스의 다보스에서 열리는 세계경제포럼에서 어떤 분이 "한국에서 지금 벌어지고 있는 사태는 한국사회에 오랫동안 누적된 불공정과 불평등이 폭발한 것이다" 이렇게 표현했었습니다.

평창동계올림픽 당시 사람들이 무엇에 화를 내고 무엇을 비판했습니까? 바로 불공정입니다. 왜 공정하게 처리하지 못했느냐, 왜 선수 중 누구는 국가대표 자격을 주고 누구는 주지 않느냐 하는 문제로 많은 사람들이 격분했지요. 우리 사회에는 특히 IMF 외환위기 이후에 누적된 사회적 격차, 상대적 불평등 문제가 심각합니다. 대부분의 통계도 그러한 상황을 보여주고 있지요. 1인당 국민소득은 3만 달러 가까이 된다는데, 동시에 상위 2퍼센트의 소득과 하위 90퍼센트의 소득은 점점 격차가 커지고 있습니다. 이처럼 불평등의 문제가 우리 사회에 만연해 있기 때문에 사람들이 평창동계올림픽을 앞두고 불공정한 행정에 그토록 분노한 것입니다.

불평등이 불공정으로 이어지는 상황, 이러한 현상이 수십년간 쌓이고 쌓인 상태에서 박근혜와 최순실 등이 얽힌 국정농단 사건이 터졌습니다. 마치 인화물질이 가득한 창고에 불씨가 던져진 것처럼 대폭발이 일어날 수밖에 없었지요. 정유라가 페이스북에 남긴 짧은 글은 대폭발을 연쇄시켰습니다. "억울하면 부모 잘 만나라, 돈도 실력이다." 왜 많은 사람들이 분노했을까요? 정유라의 글이 사실이 아니라 터무니없는 거짓말이고, 우리나라에 통용되지 않는 엉뚱한 주장이라면 화가 났을 리가 없습니다. 외려 아이고, 저 사람 왜 저러나 걱정했겠지요.

우리가 화를 낸 데에는 두가지 이유가 있습니다. 정유라가 남긴 글이, 그게 사실이라서 그렇습니다. 또다른 이유라면, 그 글이 사실인데 그러한 사실이 말이 되느냐는 것이지요. 말도 안 되는 일이 사실인 것이고 현실인 것입니다. 정유라가 유독 이상한 사람이 아닙니다. 불평등하고 불공정한 일들이 우리나라 곳곳에 늘 있었고, 그에 대한 우리의 불편함과 문제의식이 누적되어왔는데, 정유라가 남긴 글이 스위치가 되어 폭발해버린 것입니다.

사실 저는 이렇게 생각합니다. 촛불이 우리에게 준 과

제는 무엇이냐. 그 과제란 촛불이 일어났던 원인을 제거하는 것이다. 100만, 150만명의 사람들이 광화문광장에 모였을 때 가장 많이 들고 있었던 팻말이 뭐였습니까. '박근혜 퇴진하라' '이게 나라냐'입니다. 박근혜 퇴진하라는 구호는 실현됐지요. 그렇다면 또 하나의 손팻말 '이게 나라냐'라는 사람들의 문제 제기는 해소되었습니까? 아직은 해소되지 않았습니다. 어찌 보면 해소할 수 있는 좋은 기회를 얻었다고 할 수 있지만 아직은 제대로 해소되지 않았습니다. 이 구호가 의미하는 것이 무엇입니까? 우리 사회의 문제는 무엇이냐. 불공정과 불평등이다. 그리고 광장에서 직접적으로 표현되지는 않았지만 우리가 지난 몇십년간 안고 있는 문제, 바로 전쟁입니다. 전쟁의 위험에서 벗어나 평화의 정착으로 나아가야 한다는 문제가 있습니다.

　지금은 촛불 이후 시대입니다. 촛불이 세상을 바꾸었고, 촛불이 변화의 첫 단추를 끼워놓은 상황이지요. 그래서 촛불의 과제는 무엇일까요? 무엇을 해야 촛불의 정신이 구현되고, 역사적으로 비약적 발전을 이룰 새로운 시대를 만들 수 있을까요? 앞서 이야기한 것들을 바탕으로 저는 촛불시대의 과제를 세가지로 요약할 수 있다고 봅니다. 바로 불평등을 평등으로, 불공정을 공정으로, 전쟁의 위협으로부터 평화의 정착으로, 이 세가지가 우리에게 떨어진 시대의 과제라고 생각합니다.

하나같이 무겁고 힘든 과제이지요. 그럼에도 저는 촛불로 인해 수립된 문재인정부가 다행히 이 세가지 과제의 해결을 그나마 순조롭게 시작했다고 봅니다. 물론 첫걸음부터 굉장히 힘들긴 하지만, 세가지 과제들을 해결하려고 노력하고 있다는 점에서는 무척 긍정적이라고 평가합니다.

불평등을 평등으로,
불공정을 공정으로,
전쟁의 위협으로부터 평화의 정착으로.
이 세가지가 우리에게 떨어진 시대의 과제라고 생각합니다.

불공정의 해소는
검찰부터

먼저 공정의 문제를 살펴보겠습니다. 공정의 문제는 여러 사례를 소개하지 않더라도 많은 분들이 다 아실 것입니다. 얼마 전 정부공공기관에 대해 수개월에 걸쳐 감사와 조사를 한 끝에 불법채용이 일어난 여러 사례들이 발표됐습니다. 조사 대상 중에서 80퍼센트가 불법채용을 1건 이상 했던 것으로 나타났지요. 그중에 불법채용을 가장 많이 한 곳이 강원랜드입니다. 500명을 뽑았는데 500명 모두 불법채용이었습니다. 불법채용을 하지 않았다면 합격했을 500명은 억울하게 낙방한 것 아닙니까? 심지어 채용 과정에서 수천만원을 들여 인적성검사까지 했다고 합니다. 그렇게 돈 들여서 한 적성검사 결과를 열어보지도 않았다고 하지요. 왜? 어차피 채용할 사람들은 정해져 있는데 시간 들여서 검사 결과를 볼 필요가 있겠습니까.

불법채용과 관련 있는 명단이 다 나왔습니다. 그리고 불법채용 상황을 인계받은 강원랜드의 새로운 사장은 검사 출신이지요. 새로운 사장은 불법채용 상황을 알고서 잘못하면 자기까지 책임져야 할 수도 있으니까 불법채용과 관련된 서류가 있는 컴퓨터를 통째로 검찰에 제출했습니다. 검찰이 불법채용 관련 자료를, 거기 나오는 이름을 다 가지고 있습니다. 그 명단의 일부가 공개됐지요. 그중에 현직 국회의원이 5명, 전직 국회의원이 2명, 국회의원만 7명인 셈입니다. 그리고 그 7명 모두 같은 당입니다.

강원랜드 불법채용은 하나의 사례일 뿐입니다. 우리 사회에 온갖 불공정이 만연한 탓에 청년들은 굉장히 힘듭니다. 단적으로 앞선 세대보다 취업하기가 어렵지요. 통계를 보면 대학교를 졸업한 사람이 첫 직장을 얻는 데 평균 18개월이 걸린다고 합니다. 금방 취업하는 사람도 있겠지만, 어떤 사람은 3~4년이 걸릴 수도 있겠지요. 평균을 내

보면 18개월이 걸린답니다.

　더 심각한 문제는 18개월 노력해서 들어간 직장이 제대로 된 곳이냐는 것입니다. 가급적 첫 직장이 마지막 직장이 되기를 바라는 사람이 있을 것 아닙니까? 그런데 힘들게 구한 첫 직장에서 얼마나 재직하느냐? 평균 15개월입니다. 1년 3개월. 1년 조금 넘게 다니다가 '여기는 아니구나' 하고 떠나는 것입니다.

　OECD 회원국 대부분에서 청년실업률이 감소하고 있음에도 불구하고 우리나라는 그렇지 않습니다. 2017년 우리나라의 15~24세 청년들의 실업률은 10.3퍼센트였습니다. 2016년의 10.7퍼센트보다는 낮아졌지만 청년실업이 회복되었다고 보기는 어렵지요. 물론 우리나라보다 실업률이 높은 나라들도 있긴 합니다. 스페인은 38.7퍼센트, 이탈리아는 34.7퍼센트였지요. 하지만 이런 나라들은 꾸준히 청년실업률이 낮아지고 있습니다. 미국이나 일본도 청년실업률이 몇년에 걸쳐 감소하고 있지요. OECD 회원국 중 청년실업이 해소되지 않고 있는 국가는 칠레와 대한민국뿐입니다.

이명박 대통령은 뭐라고 했습니까? '요즘 청년실업률이 높은 것은 어떤 일자리도 마다하지 않고 고생을 각오해야 하는 청년들이 그저 좋은 일자리만 찾기 때문이다. 나는 젊었을 때 아무 일이나 다 했다. 그래서 대통령이됐다. 청년실업률이 높은 건 청년들 탓이다.' 일자리가 없는 게 아니라는 말입니다. 쉬운 일만 하려고, 괜찮은 일자리를 청년들 스스로 걷어찬 결과가 청년실업률이라는 것이지요. 이러한 견해는 박근혜 대통령도 다르지 않았습니다. 박근혜 대통령이 뭐라고 했습니까? '청년들은 외국으로 가라. 왜 안 가는지 모르겠다.' 아니, 우리나라 청년들을 부르는 국가가 있습니까? 부르지도 않는데 어디로 갑니까? 대통령의 인식이 이러니 청년실업률이 호전되기란어려울 수밖에 없었습니다.

게다가 공공기관에서 불법채용을 했다는 것, 2012년에서 2013년 동안 고용한 사람 중 거의 전원이 불법채용인 강원랜드 같은 공기업마저 있었다는 것이지요. 강원랜드 불법채용 문제가 대두된 것은 정원 외로 과도하게 사람들을 뽑았기 때문입니다. 즉 채용을 해서 실습도 끝났는데, 정작 업무에 배치하지는 못하는 것입니다. 너무 많이 뽑은 탓이지요. 그래서 일부가 투서를 하고 고발을 했고, 그렇게 수사가 시작된 것입니다.

하지만 수사하는 과정에서 특정 정당 의원들의 이름이 나오니까 덮어버렸지요. 그러다 다시 문제가 돼서 감사원의 감사를 거쳐 2차 수사가 이뤄졌지만 또다시 흐지부지되었습니다. 그렇게 되니 용기 있는 수사 담당 검사가 권력층이 연관되어 있어도 제대로 수사해야 한다고 주장했는데, 그 검사가 지금 어떻게 됐습니까? 주장은 완전히 묵살되었고 그 검사는 전보되었습니다. 제대로 수사가 이뤄지지 않아서 연관되어 보이는 국회의원을 부르지도 않고 넘어갔지요. 당시 담당 검사였던 안미현 검사가 양심선언을 하면서 모든 걸 공개했습니다. 그뒤에 한창 수사가 진행되고 있지요.

이러한 과정을 보고 다음 질문에 답해봅시다. 대한민

국은 공정합니까? 죄가 있으면 처벌을 받고, 능력을 열심히 갈고닦으면 취직이 되고, 일을 잘하면 상을 받고, 이렇게 공정합니까? 답은 뻔합니다. 전혀 공정하지 않습니다. 강원랜드는 우리 사회에 있는 불공정의 문제를 보여주는 대표적인 예일 뿐입니다. 그외에도 프랜차이즈 본사와 가맹점, 재벌의 대형마트와 골목상권 등 많은 예가 있지요. 지금이 촛불 후 시대라지만 여전히 함께 살려고 하기보다 우월한 지위와 강한 힘을 이용해서 약자를 괴롭히는 사람들이 우리 사회에 많습니다.

마찬가지로 요즘 뜨거운 사법부 문제도 불공정과 관련이 있습니다. 알다시피 모든 판결은 최종적으로 법원이 내립니다. 물론 모든 판결이 나쁘고 잘못되었다고 할 수는 없지만, 법원의 판결이 공정하다고 생각하십니까? 단적으로 이재용 삼성전자 부회장의 2심 판결은 어떻습니까? 저는 이재용 부회장, 한 사람을 봐주기 위한 판결이나 다름없었다고 생각합니다. 이재용 부회장에 대한 2심 판결은 최순실에 대한 판결과 또다르기 때문입니다. 최순실

지금이 촛불 후 시대라지만 여전히 함께 살려고 하기보다
우월한 지위와 강한 힘을 이용해서 약자를 괴롭히는 사람들이 우리 사회에 많습니다.

에 대한 1심 판결에서는 삼성이 말을 뇌물로 주었다, 말은 최순실이 소유한 것이다, 그래서 유죄다, 이렇게 판단했습니다. 하지만 이재용 부회장 2심을 담당한 재판부는 삼성이 말을 빌려준 것이라고 했습니다. 가령 고급 외제 자동차를 빌려주면서 '마음껏 타세요'라고 하면 차를 주는 것과 무엇이 다릅니까? 그럼에도 재판부는 말의 소유권까지 넘어가지는 않았기 때문에 뇌물이 아니라고 했습니다. 그렇게 뇌물 액수를 낮추고 낮춰서 이재용 부회장에게 집행유예를 선고하고 석방해주었지요.

사법부의 이러한 문제는 국민들도 인식하고 있습니다. 2015년 OECD가 회원국 국민들이 자국의 사법 시스템을 얼마나 신뢰하는지 발표했습니다. 우리나라는 거의 꼴찌였습니다. 우리나라 국민들의 사법부에 대한 신뢰도는 27퍼센트였습니다. OECD 회원국 평균은 54퍼센트였지요. 우리나라보다 사법부 신뢰도가 낮은 나라는 콜롬비아, 칠레, 우크라이나뿐이었습니다. 사법부라는 건 일종의 저울입니다. 잘못을 많이 하면 벌을 엄하게 주고, 죄가 없으면 석방해주는 저울과 같은 곳이지요. 쉽게 비유해볼까요. 시장에 갔는데 그곳에 있는 저울 중 27퍼센트는 진짜지만 73퍼센트는 가짜입니다. 500그램을 달아도 저울에는 800그램으로 표시됩니다. 그렇다면 그 시장에 가겠습니까? 우리나라 국민들은 사법부를 그런 시장이나 마찬가지인 곳으로 여기는 것입니다.

공정의 문제는 민주화 이후 우리 사회에서 드러난 아주 큰 문제입니다. 공정하지 못하다. 공정하지 않은데 뭐하러 노력을 합니까? 편법을 쓰지요. 어떻게든 '빽'을 찾으려 듭니다. 공정에 대한 불신은 사회 전체를 멍들게 했습니다. 이런 상황에서 국민소득이 4만, 5만 달러가 된들 무엇하겠습니까. 불공정을 공정하게 만드는 것, 이것이 지금 우리 사회의 과제가 되고 있습니다.

그렇다고 모두 앉혀둔 다음 도덕교과서 같은 이야기를 들려준다고 사회가 공정해지지는 않겠지요. 저는 공정한 사회를 만들기 위해서는 사법개혁, 검찰개혁부터 이뤄져야 한다고 봅니다. 국민이 사법부가 공정하다고 여기게

끔 해야 합니다. 불공정한 일들이란 결국 권력자, 강한 자들이 더 많은 것을 탐하는 과정에서 벌어지기 때문에 사법부가 강자에게 관대했던 관행을 깨고 제대로 처벌하면 사회 전체에 영향이 미칠 것입니다.

다른 나라를 예로 들어보겠습니다. 왜 미국에는 이재용 부회장 같은 사람이 없을까요? 법원에서 유죄라고 판단한 이재용 부회장의 잘못을 미국의 양형기준표에 적용해서 형량을 계산해보면 대략 24년 4개월이 나옵니다. 알다시피 우리 법원은 1심에서 5년, 2심에서는 집행유예였지요. 형량 24년 4개월이란 다시는 경제활동을 하지 못하게 한다는 것을 뜻합니다. 삼성은 아예 그룹 자체가 해산되겠지요. 삼성이 한국 경제에서 차지하는 비중이 워낙 크기 때문일지 모르겠지만, 법원은 이재용 부회장이 저지른 죄에 합당한 처벌을 하지 않았습니다.

권력에 관대한 사법부의 문제는 어제오늘 일이 아닙니다. 2005년 당시 MBC 소속이던 이상호 기자가 보도하면서 삼성 X파일 사건이 터졌지요. 삼성과 정치권·검찰의

사법부가 강자에게 관대했던 관행을 깨고
제대로 처벌하면 사회 전체에 영향이 미칠 것입니다.

관계를 담은 국가안전기획부(안기부, 현 국가정보원)의 도청 테이프 내용이 폭로된 것입니다. 정경유착은 물론 안기부가 자행한 불법도청까지 온갖 문제가 얽힌 사건이었습니다. 저도 이 사건과 연관된 사람입니다. 저는 당시에 X파일 녹취록을 입수해서 삼성으로부터 이른바 '떡값'을 받은 검사 7명의 실명을 공개했습니다. 그때 제가 공개한 검사들은 1명도 조사를 받거나 처벌되지 않았습니다. 그러나 저는 통신비밀보호법을 위반했다는 이유로 국회의원 배지를 뗐습니다. 이상호 기자 역시 같은 이유로 유죄를 선고받고 해고되었지요.

'도둑이야!' 하고 소리를 질렀는데, 도둑을 잡아서 처벌하기는커녕 왜 밤중에 소리를 질렀느냐고 한 셈입니다. 저에게 적용한 법리가 그랬습니다. 제가 국회에서 검사들 실명을 이야기한 것은 면책특권에 속합니다. 국회의원으로서의 활동이기 때문이지요. 보도자료를 인쇄해서 기자들에게 배포한 것도 같은 이유로 면책특권에 속합니다. 그런데 같은 내용을 인터넷 홈페이지에 올린 것이 문제였습니다. 법원은 보도자료보다 많은 사람들이 보기 때문에 홈페이지에 올린 것은 국회의원 활동으로 볼 수 없다고 했습니다. 이것 하나 때문에 유죄가 인정되었습니다. 제가 국회에서 검사들 이름을 밝힌 장면은 국회방송을 통해 전 국민에게 생방송되었습니다. 생방송은 무죄고, 인터넷에 올린 것은 유죄라는 논리였지요.

제가 겪은 일 역시 빙산의 일각에 불과합니다. 이러한 판결이 되풀이되면서 결국 '유전무죄 무전유죄'라는 인식이 더욱 팽배해졌습니다. 재판의 공정성을 불신하는 것입니다. 그래도 다행인 점은 촛불을 거치며 국민들 사이에 권력자에 대한 엄격한 수사와 제대로 된 처벌이 필요하다는 공감대가 형성되었다는 것입니다. 그래서 고위 공직자 비리를 전담해서 수사하는 고위공직자비리수사처(공수처)를 신설하자는 논의가 이뤄지고 있지요. 여전히 문제가 남아 있기는 합니다. 공수처 신설을 국회 법제사법위원회(법사위)에서 다루는데, 현재(2018년 2월) 법사위원장인 권성동 의원이 강원랜드 불법채용과 관련되었다는 혐의를 받고 있습니다. 공수처가 만들어지면 수사를 받아야 할 사람들인 셈이지요. 공수처 신설부터 쉽지 않겠지만 그래서 더욱 공수처를 만들어서 엄정하게 수사할 필요가 있습니다.

지금까지 한국사회가 안고 있는 불공정의 문제와 그 해결책에 대해 이야기했습니다. 촛불이 우리에게 부여한 역사적 과제인 불공정의 해소, 그 첫걸음은 법원과 검찰을 개혁하여 권력층에 대한 봐주기 수사와 처벌을 극복하는 것입니다.

일한 만큼
먹고살 수 있는 나라

이제 불평등을 평등으로 바꾸는 과제에 대해 알아보지요. 제가 지금 이야기한 평등이란 사회적 격차의 해소를 가리킵니다. 격차를 해소할 수 없다면 적어도 완화해야 한다는 것이지요. 모든 사람이 기계적으로 평등한 세상이 어디 존재하겠습니까. 다만 우리가 이야기하는 것은 국민소득이 높아지고 수출액이 늘어나고 GDP(국내총생산)가 점점 높아지는데, 왜 소득 상위와 하위의 격차는 더 많이 벌어지느냐, 왜 비정규직이 더 많아지느냐, 왜 빈곤 때문에 자살하는 노인이 더 많아지느냐, 이런 문제입니다. 이 문제들을 해결하는 것이 우리에게 닥친 중요한 과제입니다.

제가 이야기하는 평등이란 사회적 격차의 해소를 가리킵니다.

불평등은 다른 말로 '기회의 불균등'이라고도 할 수 있습니다. '결과의 불균등'과는 다릅니다. 어차피 사람은 다 다르기 마련이고, 모든 일의 결과도 같을 수는 없습니다. 다만 모든 사람이 똑같은 기회를 받아야 합니다. 조선시대처럼 양반만 과거시험을 치를 수 있어서는 안 됩니다. 지금은 그렇게 대놓고 차별할 수 없지만, 그렇다고 모든 사람에게 기회가 균등하다고 보기도 어렵습니다. 하지만 적어도 기회는 균등해야 약자와 강자가 공존하는 사회로 나아갈 수 있습니다.

불평등 문제는 특히 경제 분야에서 두드러집니다. 그간 우리 사회의 주된 경제 정책은 낙수효과를 기대하는 것이었습니다. 경제위기 상황에서는 모든 사람을 살릴 수 없지요. 그럴 때 경제적 강자를 먼저 살리면, 그 효과가 차례로 내려가 마지막에 약자까지 살아나는 것을 낙수효과라고 합니다. 많은 나라들이 낙수효과 정책을 써왔지만, 2008년의 미국 금융위기 이후 이 정책을 쓰는 나라는 거의 없습니다. 이 정책을 중시해왔던 미국이나 독일도 오바마 대통령과 메르켈 총리가 공식적으로 실패한 정책이라고 인정했지요. IMF조차도 이 정책을 폐기했습니다.

낙수효과와 반대되는 것이 분수효과입니다. 경제위기 상황에서 가장 힘든 사람부터 살리는 것이지요. 위기에서 벗어난 약자가 더 많은 물건을 사면 공장 가동률이 높아지고, 그로 인해 공장의 고용률이 높아지면서 임금이 따라 상승하는 선순환이 일어납니다. 요즘 자주 언급되는 소득주도형 성장이 일종의 분수효과 정책이라고 할 수 있습니다.

돌아와서, 낙수효과 정책의 흔적이 가장 많이 남아 있는 나라가 대한민국입니다. IMF 외환위기 이후 우리 사회에서 경제적 격차가 점점 더 많이 벌어지게 된 원인이 낙수효과 정책입니다. 이 정책의 가장 큰 폐단은 강자만 살리고 약자를 살리지 못했다는 것입니다. 위기에서 살아난 강자들이 경제적 이익을 독식해버린 탓에 기대했던 '낙수'는 아예 일어나지 않았지요.

우리 경제 정책은 오랫동안 낙수효과를 기대해왔고,

그 결과 강자는 더욱 강해지고 약자는 한없이 약해질 수밖에 없었습니다. 그런 문제는 특히 노동시장에서 심각하게 나타났습니다. 현대자동차는 IMF 외환위기를 맞아 2만 5000명을 정리해고하겠다고 했습니다. 2만 5000명을 해고하지 않으면 회사가 망한다, 그럼 다 죽는다, 이런 논리로 정리해고를 진행했고 1만 5000명이 회사를 떠났습니다. 그로부터 20년 뒤 현대자동차는 당시와 비교할 수 없을 정도로 커지고 강해졌습니다. 자산은 늘어났고 부채는 없어졌지요. 회사 사정이 좋아진 지금, 정리해고했던 사람들을 다시 정규직으로 채용했을까요? 그러지 않았습니다. 오려면 비정규직으로 와라, 반값만 받고 일해라, 이런 식이었습니다.

현대자동차와 같은 일이 우리 사회에서 비일비재하게 벌어지면서 지난 20년간 비정규직이 늘어나고 경제적 격차가 벌어졌습니다. 이명박·박근혜정부를 거치며 빈부의 격차가 더욱 커졌지요. 이러한 사실은 뉴스에서 접하는 통계를 보아도 알 수 있습니다. 가장 대표적인 지표는 가계 총부채입니다. 경제 주체를 가계·기업·정부로 나눌 수 있을 텐데, 지금은 가계와 기업의 부채만 이야기하겠습니다. 우리나라 기업들의 부채, 기업 총부채라고 하는데 지난 20년 사이에 절반으로 줄어들었습니다. 반면에 각 가계가 안고 있는 부채, 가계 총부채는 네배가 늘어났습니다. 강자는 더 잘살고 약자는 못살게 되었지요. 왜 공존할 수는 없는 것일까요? 문제를 해결하려는 의지가 없었을까요?

2016년, 박근혜정부 때 있었던 일 중에 아직도 똑똑히 기억하는 것이 있습니다. 국회의원 총선거가 끝나고 각 당의 원내대표들이 처음 연설하는 날이었지요. 사실 연설이 그리 재미있지는 않습니다. 절반은 현실을 진단하고, 나머지 절반은 각 당의 해결책, 대안, 정책 등을 발표하지요. 보통은 한국사회에 대한 진단과 해법이 정당마다 다릅니다. 마치 한 사람은 화성, 다른 사람은 금성에서 온 듯한 정도입니다. 그렇게 서로 다른 이야기를 하면서 공방을 벌이지요.

그날은 전혀 그렇지 않았습니다. 제가 앞선 연설의 내용을 귀 기울여 들어보니, 현실 진단이 다 똑같았습니다. 민주당, 새누리당, 국민의당 할 것 없이 모두 제가 하려고 했던 이야기들을 똑같이 하는 것입니다. 한국사회의 가장 심각한 문제는 사회적 격차다, 이 격차를 해소하지 않으면 더이상 성장도 수출 증대도 경제 활성화도 어렵다고 이야기했지요. 과거 같았다면 경제가 어려우니 더욱 성장해야 한다고 주장했을 사람들조차 지금의 문제는 성장으로 해결할 수 없다고 이야기했습니다. 그래서 저는 어떤 이야기를 해야 하나 걱정했던 기억이 선명합니다.

이 일을 언급한 이유는 국회의원들도 우리 경제의 문제점을 모르지 않고 있다는 것입니다. 중요한 점은 문제를 어떻게 해결할지, 해결하려는 열의가 있고 자세를 갖추었는지, 어떤 방향을 모색하는지 등이 다르다는 것이지요. 지금 이야기한 것들이 추상적으로 느껴질지도 모르지만 경제 문제를 해소하는 데는 굉장히 중요합니다. 문제에 대해 전혀 다른 해결책을 내놓을 수 있기 때문입니다.

사회적 격차를 해소하는 데는 크게 두가지 방안이 있습니다. 첫번째는 세금을 많이 걷어서 복지를 늘리는 것입니다. 150년 전에 생겨난 전통적인 방식이지요. 2차 분배, 또는 사회적 분배라고도 부릅니다. 이 방법은 어찌 보면 속 편한 방법이기도 합니다.

세상에서 가장 나쁜 의사는 어떤 의사입니까? 병 주고 약 주는 의사겠지요. 이런 의사들이 여의도에, 정치권에 많습니다. 가령 제가 대통령 선거에 나서서 실업수당을 두배로 올리는 공약을 내세웠다고 한다면, 그저 듣기 좋은 약을 주겠다는 것에 불과합니다. 병 주고 약 주는 공약이라는 말입니다. 실업자가 발생하는 것은 잘못된 고용정책이나 시장 정책의 결과입니다. 근본적인 정책을 최대한 고치고 그래도 실업자가 줄지 않으면 실업수당을 올려서 먹고살 만하게 만들겠다고 해야 옳지 않겠습니까? 그런데 실업자를 발생시키는 정책은 고칠 생각도 없이 실업수당만 올리겠다는 것은 병을 지속시키면서 약을 주겠다는 말이나 다름없습니다.

실업자를 발생시키는 정책은
고치지 않고 실업수당만 올리겠다는 것은
병 주고 약 주겠다는 것이나 마찬가지입니다.

과연 실업자 문제가 실업수당이라는 약으로 감당이 될까요? 복지를 늘리려면 세금을 더 걷어야 하는데, 세금은 누가 냅니까? 실업자에게서 세금을 걷습니까? 일하는 사람들이 세금을 내야 하는데, 실업자가 늘어나고 있지요. 결국 세금으로는 해결하지 못할 가능성이 높습니다. 어렵고 복잡하더라도 실업자가 많을 수밖에 없는 구조부터 해결해야 합니다. 그런 구조적인 해법을 몇년 전부터 '경제민주화'라는 말로 부르고 있지요. 이게 격차를 해소하는 두번째 방법입니다.

박근혜 전 대통령의 공약에도 경제민주화가 있었습니다. 정신적 멘토를 묻는 질문에 경제민주화를 주장했던 유명 정치인을 꼽기도 했지요. 박근혜 전 대통령의 공약 중에 경제민주화를 이루기 위한 것이 얼마나 많았습니까? 그중 일부를 제 공약에도 포함해서 우스갯소리로 "나는 진박이다"라고 말하기도 했습니다. 물론 박근혜 전 대통령의 공약이 지켜지지는 않았습니다. 격차 해소에 대한 국민적 갈증이 있으니 공약을 만들어서 표를 얻되, 당선된 뒤에는 무시했지요.

　　주목할 점은 박근혜 전 대통령이 내걸 정도로 경제민
주화가 현재 우리 사회에 절실히 필요하다는 것입니다.
경제민주화가 이뤄지지 않으면, 강자가 독식하는 구조를
바꾸지 않으면, 세금으로 복지를 늘린들 사회적 격차를
해소할 수 없습니다. 물론 세금을 걷고 사회적 분배를 하
는 것도 중요하지만 그것만으로 모든 격차를 메꿀 수는
없습니다. 불평등의 해소란 바로 제대로 된 일자리를 찾
는 것, 일자리에서 차별받지 않고 일한 만큼 제대로 받는
것, 그래서 모두가 스스로 노동해서 먹고살 수 있게 되는
것입니다.

최저임금이
평등의 답이 될 수 있을까

일한 만큼 제대로 받는 문제에서 최저임금은 빠뜨릴 수 없는 요소입니다. 강자와 약자의 공존을 위하여 최저임금이 존재하지요. 노동자가 안정된 생활을 할 수 있는 최저한의 임금을 법으로 강제하는 것입니다. 그런데 우리나라에서는 해마다 최저임금 인상을 둘러싸고 격한 논쟁이 벌어집니다. 왜 최저임금 문제가 대두될까요? 기본적으로는 우리나라의 최저임금이 너무 낮기 때문입니다. 우리나라는 최저임금 인상에 인색했기에 해마다 꾸준히 올려도 다른 나라보다 최저임금이 낮습니다. 게다가 박근혜 정부 때에는 더 조금 올랐지요. 그 탓에 지금 정부가 져야 하는 부담이 큽니다. 앞선 정부가 덜 올린 만큼 최저임금을 올려야 하니 그럴 수밖에 없지요.

사실 최저임금에 대해서는 국회에도 문제가 많습니다. 독일과 우리나라의 국민소득을 비교해보면, 우리나라 노동자들의 평균임금은 독일 노동자의 절반 수준입니다. 그렇다면 국회의원은 어떨까요? 우리나라 국회의원의 임금은 독일과 같습니다. 우리나라 정치가 독일과 같은 수준인지는 제쳐두고, 적어도 임금은 독일 국회의원과 비슷하게 받고 있습니다. 그래서 제가 우리나라 국회의원도 국민들처럼 임금을 독일의 절반 수준으로 낮추자, 그렇게 세비를 아끼고 최저임금 인상에 동참하자, 그리고 국회의원 임금을 가장 늦게 올리자, 이렇게 제안했습니다. 아무도 좋아하지 않았습니다. 국회의원은 자기 월급을 자기가 정하는 직업입니다. 그간 자기 월급을 계속 올렸으면서, 최저임금을 올리는 데는 나라가 망할 것처럼 굴면서 벌벌 떨고 있지요.

물론 불평등의 문제 전부를 최저임금만으로 해결할 수는 없습니다. 다만 우리 사회에서 강자와 약자가 공존할 수 있도록 하는 첫걸음은 될 수 있습니다. 이 문제부터 고치지 못한다면 앞으로 한걸음도 더 나아가기 힘들기 때문입니다.

최저임금을 맞춰주느라 가랑이가 찢어진다? 최저임금을 맞추는 데 1000억원이 들어간다? 그 1000억이 어디로 가겠습니까? 임금이 오른 만큼 물건도 많이 사게 마련입니다. 기업의 매출이 늘고, 공장 가동률이 높아지고, 고용이 늘어나고, 이런 선순환이 이뤄져야 다시 임금도 상승할 수 있는 구조가 만들어집니다. 그래서 세금을 걷어서 복지를 늘리는 동시에 월급을 제대로 받게끔 만들어야 한다고 주장하는 것입니다.

우리나라는 최저임금을 두고 매년 전쟁을 벌이는데, 다른 나라들은 어떨까요? 호주는 1년에 한번씩 최저임금을 발표합니다. 우리나라와 다른 점이라면 호주에서는 최저임금에 두 종류가 있다는 것입니다. 정규직 최저임금이 있고, 비정규직 최저임금이 따로 있지요. 그리고 여기서 중요한 점은 비정규직 최저임금이 더 높다는 사실입니다.

정규직보다 비정규직의 최저임금이 25퍼센트 더 높습니다. 비정규직은 정규직이 받는 각종 수당과 복지 혜택에서 제외되는 경우가 많으니, 임금이라도 더 많이 보장해줌으로써 격차를 줄이겠다는 것입니다.

영국에서는 전문직으로 취업할 때 회사에서 두가지 안을 제시합니다. 정규직과 비정규직 중 선택하도록 말입니다. 정규직은 고용이 보장되는 반면, 비정규직은 회사의 필요에 따라 해고될 수 있습니다. 그 대신 비정규직의 연봉은 정규직의 세배입니다. 고용 보장 또는 높은 급여라는 선택지를 주는 것이지요.

우리는 어떻습니까? 비정규직은 정규직과 같은 일을 해도 월급을 반만 받습니다. 언제 해고될지 모른다는 불안도 있지요. 예전에 저에게 한 대학교에서 가르치는 분이 상담을 위해 찾아왔습니다. 교내에 정규직과 비정규직이 있는데 수업시간, 학력, 경력이 똑같아도 비정규직은 정규직 임금의 48퍼센트를 받는다고 했습니다. 이런 일들이 우리나라에서는 빈번하게 일어나고 있습니다. 대학

최저임금은 우리 사회에서 강자와 약자가
공존할 수 있도록 하는 첫걸음이 될 수 있습니다.

교의 청소노동자 문제도 대표적인 예입니다. 20년 전에는 청소노동자들이 전부 정규직이었습니다. 지금은 아니지요. 비정규직도 모자라 파견직입니다. 경비를 절감한다고 가장 만만한 약자를 비정규직으로 만든 것입니다. 결과적으로 청소노동자의 인건비를 반으로 낮추었습니다. 각종 상여를 없애고 심지어 간식도 없애버렸지요. 그런데 그렇게까지 대학교가 어려웠을까요? 사립대학교의 적립금은 수천억원에 달합니다. 적립금이란 학교를 운영하고 남은 돈을 가리킵니다. 사립대학교들은 매년 100억원 이상의 적립금을 쌓아왔습니다. 청소노동자의 간식을 없애면서 말입니다.

최저임금을 올리자는 주장에 대한 반박으로 항상 거론되는 것이 편의점주 같은 자영업자의 부담이 커진다는 것입니다. 당장에는 자영업자들이 힘들어지겠지요. 당연한 일입니다. 그런데 좀더 자세히 들여다보면 자영업자들이 힘든 데는 다른 이유들이 있습니다. 프랜차이즈 본사에서 가져가는 몫이 많고, 신용카드 수수료 부담이 크고,

임대료도 높습니다. 이런 구조 속에서 임금 지불 부담까지 떠안고 있는 것입니다. 물론 최저임금 인상이 만병통치약일 수는 없습니다. 복합적으로 해결해야 하는 과제인 것이지요. 최저임금 문제가 대두되는 것도 결국은 강자가 이익을 독점하며 분배가 이뤄지지 않는 구조가 오랫동안 이어져왔기 때문입니다.

얼마나
나눠쓸 것인가

　　최저임금만 봐도 알 수 있듯, 우리 사회에서 불평등을 해소하고 한걸음 나아가기 위해서는 경제민주화가 반드시 이뤄져야 합니다. 이 방법밖에 없습니다. 다른 나라들처럼 강자와 약자가 함께하는 것으로 경제 정책의 노선을 바꿔야 합니다.

　　우리나라 GDP가 전세계에서 12, 13위라고 자랑하고는 하지요. 우리나라 인구는 전세계에서 25위입니다. 올림픽에 출전하는 나라가 200개국이 넘는데, 25위라면 꽤 큰 나라인 셈입니다. 게다가 생산은 12, 13위로 순위가 더 높은 것이지요. 여기서 주목해야 할 점은 열심히 생산한 GDP 중에서 얼마나 나눠쓰느냐 하는 것입니다. 우리나라는 28퍼센트를 나눠쓰고 있습니다. 미국이나 일본은 GDP 중 30퍼센트 중반의 비율을 나눠쓰고 있습니다. 프랑스는 GDP 중 51퍼센트, 스웨덴은 58퍼센트를 나눠쓰고 있지요.

프랑스는 미국보다 1인당 국민총소득(GNI)이 1만달러 이상 떨어집니다. 그런데 왜 미국은 전세계에서 대학교 등록금이 가장 비싼 편이고 프랑스는 아예 대학교 등록금이 없을까요. 프랑스의 복지제도가 다르기 때문입니다. 앞서 말했듯 프랑스는 51퍼센트를 나누지만, 미국은 35퍼센트 정도를 걷어서 나눕니다. 우리는 소득이 적은데 28퍼센트만 나누니 복지제도가 더 부실할 수밖에 없지요. 게다가 그 28퍼센트도 많다며 줄여야 한다고 주장하는 사람들이 있습니다. 28퍼센트의 사회에서 살아갈 것이냐, 35퍼센트, 51퍼센트로 나아갈 것이냐에 따라 평범한 사람들의 삶이 달라집니다. 아이들을 학교에 보내고, 노인들이 병원에 가는 문제가 달라지는 것입니다.

다시 대학교 등록금을 얘기하자면, 우리나라에서 대

우리 사회에서 불평등을 해소하기 위해서는
경제민주화가 반드시 이뤄져야 합니다.

학생들이 한창 등록금 투쟁을 벌일 때 제가 외국의 대학교 등록금을 조사해봤습니다. 두 나라에 직접 가봤는데 프랑스에서는 아예 '등록금'이라는 용어 자체가 없어서 얘기하기가 힘들었습니다. 아예 그런 단어가 없는 것입니다. 뭉뚱그려서 1년 동안 학교에 내는 돈이라고 설명하니 보험료 등으로 30만원 정도 든다고 했습니다. 등록금은 아니지요.

2009년에 노르웨이의 오슬로 국립대학에서 강연을 하고 한국인 학생 20명과 간담회를 가졌습니다. 그때는 1달러가 1500원 정도로 비쌌습니다. 그 탓에 유학을 간 학생들은 경제적으로 부담을 느끼곤 했지요. 그래서 간담회 도중에 부모님들이 고생이 많겠다고 했는데 다들 생글생글 웃었습니다. 등록금 부담이 없다면서 말입니다. 석사와 박사를 마칠 때까지, 외국에서 온 유학생들도 등록금을 낼 필요가 없답니다. 게다가 학부의 학생들은 매달 당시 환율로 65만원 정도인 학생수당을 받는다고 했습니다. 유학생들이 현지에서 아르바이트를 하면서 번 돈과 학생수당을 합치면 당시 한국의 초임 월급과 비슷했지요.

제가 이렇게 다른 나라를 예로 들면 어떤 분은 그 나라들의 국민소득을 이야기합니다. 국민소득이 높은 나라니까 복지가 잘된다는 말이지요. 저는 동의하지 않습니다. 국민소득이 높아서 좋은 복지가 가능하다면, 왜 프랑스가 미국보다 대학교 등록금이 싸겠습니까. 미국의 등록금이 더 싸야지요. 복지는 소득보다는 정책 방향에 달린 문제입니다.

우리가 어떻게 살아갈 것인지는 누가 결정해야 합니까? 국민이 결정해야 합니다. 일하는 사람도 국민이고, 세금을 내는 사람도 국민이고, 나누는 주체도 국민이라면, 우리나라 복지를 어느 수준으로 하고 어떻게 나눌지는 국민이 결정해야 합니다. 다수가 원하는 방향으로 나아가야지요. 28퍼센트에 머물 것인가, 매년 1퍼센트씩 높여서 10년 후 38퍼센트로 나아갈 것인가. 우리는 이런 문제를 스스로 결정한 적이 없습니다. 어떤 대통령 후보가 28퍼센트를 유지하겠다고 한 것도 아닌데, 늘 28퍼센트가 유지되는 사회에서 살고 있지요.

정리하자면 불평등, 그중에서 경제적 격차를 해소하기 위해서는 적극적인 노력과 더불어 과거와 다른 정책이 필요합니다. 거듭 강조하지만 강자와 약자가 똑같이 기회를 받고 함께 살아가는 것을 목표해야 합니다. 당장은 격차를 더이상 늘리지 않는 것부터 시작해야겠지요. 그것만 해내더라도 우리 사회에서 굉장한 진전이 일어났다고 생각합니다.

전쟁은
선택지가 아니다

이제 세번째 과제, 평화의 정착에 대해 이야기하겠습니다. 굉장히 풀기 어려운 과제입니다. 엄밀히 말해 우리 앞에 놓인 길은 전쟁 또는 평화뿐입니다. 그렇다면 과연 전쟁이 해결책일 수 있을까요? 전쟁에서 이기면 평화가 찾아올까요? 저도 전쟁이 일어나면 이길 것 같긴 합니다. 일주일이 걸릴지 1개월이 걸릴지는 모르겠지만 이기기는 하겠지요. 그런데 전쟁에서 이기는 댓가로 우리가 지불해야 할 것이 무엇입니까? 100만명, 수백만명이 죽을지도 모릅니다. 그런 댓가를 바라는 사람이 있을까요? 그중에는 내가 사랑하는 사람이 있을지도 모릅니다. 그리고 사람만 죽는 것도 아니지요. 한국전쟁 이후 우리가 수십년간 일

귀낸 모든 것이 파괴될 수도 있습니다. 이 모든 댓가를 감수하고 전쟁을 각오하는 사람이 있을까요? 저는 이렇게 말하고는 합니다. 안보, 안보, 부르짖는 사람 중에 전쟁이 나면 보이지 않을 사람이 태반이라고 말입니다. 어쨌든 전쟁에는 너무나 큰 댓가가 따르기 때문에 어렵더라도 반드시 한반도에 평화를 정착시켜야 합니다.

우선 한반도에는, 남쪽이든 북쪽이든 핵무기가 없어야 합니다. 현재 남쪽에는 핵무기가 없으니 북한의 핵무기를 폐기하는 것을 목표로 해야겠지요. 한반도에 핵무기가 있는 채로는 절대로 평화를 보장하지 못하기 때문입니다. 북한의 핵무기를 용인하는 순간 우리 역시 핵무기를 보유해도 된다는 논리가 성립되고, 나아가 일본까지도 핵무기를 가지게 될 수 있습니다. 우리 후손에게 동북아시아가 핵무기 화약고가 된 위험한 상황을 물려줄 수는 없지 않겠습니까? 그러니 지금은 더이상 핵무기를 개발하지 않도록 하고, 나아가 최종적으로는 아예 핵무기를 없애는 것에 이르러야 합니다. 그러기 위해 남북 대화가 절

전쟁에는 너무나 큰 대가가 따르기 때문에
어렵더라도 반드시 한반도에 평화를 정착시켜야 합니다.

실하고, 다행히 현 정부는 대화의 중요성을 누구보다 잘 이해하고 있습니다.

남북 대화가 어느 때보다 극적으로 이뤄지고 있음에도 대화보다는 대북 제재를 해야 한다고 주장하는 사람들도 있습니다. 물론 대북 제재를 통해 단번에 해결하면 좋겠지요. 총을 쏠 필요도 없이 제재만으로 해결할 수 있다면 그 방향이 가장 좋을지도 모릅니다. 문제는 대북 제재만으로는 한반도 비핵화를 이룰 수 없다는 것입니다. 지난 20년 동안 대북 제재를 강화해본들 제대로 효과를 본 적이 없습니다. 계속해서 핵무기는 늘어났고 북한의 핵능력이 강해졌지요. 그러니 대북 제재가 핵무장을 멈추기 위한 정답이 될 수는 없습니다.

방법은 있습니다. 이미 미국에도 포괄적 타결 방안이라는 것이 있지요. 결국에는 핵을 완전히 동결하여 없애는 것을 조건으로 서로 불가침 평화협정을 맺고 미국, 북한, 일본 등이 모두 국교를 수립해서 한반도를 비핵화하는 프로그램이 있긴 합니다. 그러면 왜 그런 프로그램을

실행하지 않았을까요? 지금까지는 북한을 억누르면 저 나라가 곧 무너질 것이라는, 내부에서 문제가 발생해 붕괴될 것이라는 기대와 목적이 있었기 때문입니다. 하지만 아직도 무너지지 않았지요. 이제는 다른 방법을 써야 할 때입니다.

한반도 비핵화는 굉장히 복잡하며 어려운 과제이고, 현실적으로 우리나라의 힘만으로 해결할 수도 없습니다. 큰 영향력을 미치는 미국을 끈질기게 설득해서 이 문제를 평화적으로 해결하기 위해 노력해야 합니다. 그런 점에서 평창동계올림픽을 기점으로 하는 지금 정부의 행보는 굉장히 높게 평가할 만하다고 생각합니다.

평화란 어디서 뚝 떨어지는 것이 아닙니다. 저 멀리서 오지요. 지난한 과정을 거쳐야겠지만 빠르고 편한 지름길은 없습니다. 평화를 만들기 위해서는 그만한 노력과 각오가 필요합니다.

저는 그 누구도, 보수라 할지라도 전쟁을 부추겨서는 안 된다고 생각합니다. 그런 건 보수가 아닙니다. 가짜지요. 극우라면 모를까 건강한 보수라면 절대 전쟁을 고려해서는 안 됩니다. 보수든 진보든 평화와 안전을 추구해야 합니다. 예컨대 유럽에서도 보수와 진보의 의견이 갈리는 문제는 경제나 복지입니다. 전쟁도 불사하자는 주장은 나라를 망가뜨리자는 것일 뿐 보수라는 이름으로 용인할 수 있는 것이 아닙니다. 우리 모두 기억했으면 합니다. 평화란 의견이 갈릴 수 없는 문제입니다.

변화는
정치에서 시작된다

촛불 이후 시대인 오늘날의 중요한 과제는 공정, 평등, 평화를 우리 사회에 정착시키는 것입니다. 무엇 하나 쉽지 않고 많은 노력이 필요하다고 했지요. 그렇다면 구체적으로 어떻게 해야 과제를 풀 수 있을까요? 이 중요한 질문에 대해 제 나름의 답을 말씀드리겠습니다.

우선, 정치를 바꿔야 합니다. 불공정한 불법채용도, 정규직과 비정규직의 불평등함도, 한반도의 평화도, 정치가 움직이면 바꿔낼 수 있기 때문입니다. 그것이 민주주의입니다. 민주주의 체제가 아니라면 쿠데타 등 폭력적인 방식으로 자기 주장을 관철할 수 있겠지만, 민주주의 체제에서는 정치를 통해서만 사회가 변화할 수 있습니다. 예를 들어 공정한 사회를 만들기 위해 필요하다고 했던 공수처법만 해도 지금 국회에서 통과가 됩니까? 그럴 기미가 보이지 않지요. 이런 답답한 상황을 개선하려면 정치부터 바뀌어야 합니다. 정치를 바꾸지 않고서는 촛불 이후 대두된 과제들을 해결할 수 없습니다.

평창동계올림픽 동안 북한 코치가 남한 선수를 응원하는 등 인상적인 일들이 많았지요? 국회에서도 눈길을 끄는 일들이 많았습니다. 북한 응원단이 가지고 있던 가면을 찢어버린 분도 있었지요. 그분의 논리는 이랬습니다. "이 가면, 이거 김일성 아니냐?" 통일부 장관이 아니라고 했더니 그러면 찢어도 되겠네, 밟아도 되겠네, 그러더니 찢은 것입니다. 생각해봅시다. 김일성이 아니기 때문에 찢었다니, 그러면 김일성 가면이었다면 찢지 않았다는 말입니까? 게다가 어떤 분은 그 가면이 젊은 시절의 김일성이라고 주장하기도 했습니다.

저는 북한 응원단이 그 가면을 사용한 현장에 있었습니다. 여자 아이스하키 남북 단일팀 경기에서 제 건너편에

©연합뉴스

정치를 바꾸지 않고서는
촛불 이후 대두된 과제들을 해결할 수 없습니다.

있던 북한 응원단이 가면을 사용했습니다. 전혜영이라는 북한 가수가 불러서 크게 히트한 노래 「휘파람」을 응원가로 부를 때였지요. 「휘파람」의 가사는 젊은 남자가 한 여자를 흠모하면서 휘파람을 부는 내용입니다. 가사를 살리자면 남자가 불러야 하는데, 북한 응원단은 전부 여자였지요? 그래서 잠시 가면을 쓰고서 가사대로 휘파람을 부는 남자를 연출한 것이었습니다. 그런데 그 가면을 두고 김일성의 젊은 시절 모습이라고 주장한 것입니다. 외려 저는 그 가면이 제 어릴 적 모습과 닮았다고 생각했는데, 어떤 분들은 북한산 가면이라 김일성만 떠올린 모양입니다.

웃기기도 하고 슬프기도 하지만, 우리나라 정치에는 이런 일들이 비일비재하게 일어나고 있습니다. 다른 예도 있습니다. 크게 보도되지는 않았지만 2017년 10월 흥진호라는 어선이 없어졌다가 보름 만에 나타났습니다. 알고 보니 북한에 넘어갔던 것이었지요. 야당은 세월호 7시간 동안 대통령이 무엇을 했느냐며 난리를 친 여당이 납북 사실도 몰랐느냐고 몰아세웠습니다. 마침 흥진호가 돌아오는 모습을 촬영한 사진이 공개됐는데, 10여명의 선원들이 모두 선글라스를 쓰고 있었습니다. 이걸 보고는 야당에서는 돌아온 선원들이 북한 요원일지 모른다고 주장했습니다. 상식적으로 생각해봅시다. 북한 요원들이 왜 그렇게 위험천만한 방법으로 남한에 잠입하겠습니까.

실상은 야당의 주장과 전혀 달랐습니다. 홍진호 선원들은 고기를 잡으려고 일부러 레이더를 끈 채 몰래 북쪽으로 넘어갔다가 북한에 잡혔습니다. 이런 불법 어획은 드문 일이 아닙니다. 북한에서 남한으로 몰래 내려온 어선도 있었지요. 어쨌든 홍진호 선원들은 언론을 통해 자신들의 얼굴이 노출되면 어디선가 해코지를 당할까봐 검은 안경을 썼던 것입니다. 그런 사람들을 두고 북한 요원이라 상상하다니, 저는 수준 이하라고 생각합니다. 수준 이하인 정치인들을 그대로 둔 채 촛불시민들이 이야기한 것들을 이뤄낼 수 있겠습니까?

지난 촛불집회만 보아도 알 수 있듯, 우리 국민들은 충분히 준비가 되어 있습니다. 이제는 지역에 따라 무조건 지지하는 정당이 갈린다고 말할 수 없습니다. 저만 해도 보수의 텃밭이었던 경남 창원이 지역구 아닙니까. 지역주의에 바탕한 무조건적 편향은 없다졌다고 해도 지나치지 않을 정도로 유권자들은 균형 있게 판단하고 있습니다. 거듭 말했듯 정치권이 문제지요. 지금의 국회는 언제 구성되었습니까? 20대 총선일은 2016년 4월 13일, 촛불 이전입니다. 기원전에 만들어진 셈이니 당연히 국회도 바꿔야 합니다.

문제는 우리나라 국회가 애초에 제대로 구성되는가 하는 점입니다. 당연하지만 국회는 국민의 대변자 역할을 합니다. 그런데 지금 국회의원 의석이 국민의 의사와 동일한 비율로 각 정당에 나뉘어 있습니까? 정의당을 예로 들자면, 지난 총선에서 정의당의 정당 지지율은 약 7.2퍼센트였습니다. 우리나라 국회의원 총 의석수 300석 중 7.2퍼센트는 21석입니다. 하지만 정의당이 지난 총선에서 실제로 획득한 것은 6석, 300석 중 2퍼센트에 불과했습니다. 만약 독일 선거법을 적용한다면 정의당은 지난 총선에서 정당 지지율과 동일한 21석을 차지했을 것입니다.

우리나라 선거제도의 맹점이 드러난 결과입니다. 국민 중 7.2퍼센트가 저 정당에 나의 권한을 위임하겠다고 하는데, 실제로 의석은 겨우 2퍼센트 차지하니 국민의 의사가 반영된다고 할 수 없습니다. 많은 이들이 이러한 선거제도가 문제라고 지적하곤 하지요.

본래 선거제도란 그 나라의 역사와 문화 등에 영향을 받기 때문에 나라마다 조금씩 다르기 마련입니다. 하지만 벨기에, 네덜란드, 핀란드, 스웨덴, 이스라엘, 이 나라들의 선거제도에는 조금씩 다른 와중에도 공통점이 있습니다. 바로 국민의 지지율이 5퍼센트인 정당은 의석수도 5퍼센트만큼 갖는다는 것입니다. 지지율과 동일한 의석을 차지해야 비로소 국회가 국민을 대변할 수 있다는 것이지요.

잠깐 다른 이야기를 하자면, 보수 야당에서는 제왕적 대통령제 폐지를 위해 사실상 실권을 갖는 국무총리를 국회에서 뽑아야 한다고 주장합니다. 대통령에게는 국가원수로서 의전적인 권한만 주고, 장관을 임명하고 통솔할 권한은 총리에게 주며, 그 총리를 국회에서 뽑자는 것이지요. 저는 이런 개헌안에 반대합니다. 앞으로 대통령을 내기 어려우리라고 예상한 보수정당이 꺼낸 고육지책에 가깝다고 봅니다.

보수정당의 주장에 반대하는 가장 큰 이유는 앞서 말했듯 현재의 국회 구성이 국민의 의사를 충분히 대변하지 못하기 때문입니다. 국회 구성에 문제가 있는데, 총리를 국회에서 뽑으면 국민의 의사가 왜곡될 수밖에 없습니다. 그래서 선거제도를 바꿀 필요가 있습니다.

선거제도 개편은 시대의 추세입니다. 설사 대통령제를 유지하고, 이원집정부제 같은 제도를 채택하지 않더라도, 개헌을 하면 국회의 권한은 지금보다 강화될 것입니다. 그 때문에 국민의 의사가 제대로 반영되지 않는 지금의 선거제도를 개편하는 것이 정치개혁의 핵심이 될 수밖에 없습니다. 실제로 유럽 국가 대부분은 민주주의가 성숙하는 과정에서 선거제도 개편이라는 홍역을 치렀습니다. 어렵겠지만 우리도 비슷한 과정을 거칠 수밖에 없습니다. 그 결과, 정말로 민심을 대변하는 국회가 구성되어야 합니다. 저는 선거제도만 바꿔도 정치에 굉장히 큰 변화가 일어날 것이라고 생각합니다.

선거제도 개편이 어떤 결과를 불러올까요? 진정한 의미로 진보와 보수가 공존할 수 있을 것입니다. 저는 정의당 소속이지만 정치에 진보만 있을 수는 없습니다. 현실적으로 불가능하고, 진보만 있는 게 그저 좋다고 볼 수도 없지요. 합리적인 진보와 건강한 보수가 경쟁하고 싸우기도 하면서 공존해야 정치가 제 역할을 할 수 있습니다.

우리나라 정치의 불행 중 하나는 보수가 그리 건강하지 않다는 점입니다. 영국의 보수당을 보십시오. 그 유명한 영국의 의료보장체계 NHS(National Health Service)는 영국 보수당이 함께했기에 지금까지 지켜질 수 있었습니다. 보수당이라고 해서 무조건 복지를 반대하지는 않습니다. 영국을 비롯한 유럽 국가들의 복지제도는 진보정당만의 공이 아니라 보수정당이 함께 노력한 결과물입니다. 애초에 복지라는 개념을 처음 만들어낸 사람들이 비스마르크

국민의 의사가 제대로 반영되지 않는
지금의 선거제도를 개편하는 것이 정치개혁의 핵심입니다.

를 필두로 한 독일 보수정당이라는 사실을 떠올리면 당연한 일입니다. 복지라면 덮어놓고 반대하고 재벌의 앞잡이 노릇을 하는 것은 결코 건강한 보수가 아닙니다.

선거제도를 개편하여 국회가 민심을 대변할 수 있게 되면 한국 정치가 발전할 것입니다. 그러면 전쟁으로 국민을 협박하거나 재벌을 비호하지 않는, 건강한 보수가 등장할 수 있겠지요. 물론 진보정당도 노력해야 합니다. 정의당만 해도 아직 발전할 여지가 많습니다. 해외에 나가서 정의당에 대해 이야기하면 진보정당이면서 왜 그렇게 보수적이냐는 물음을 듣기도 합니다. 자기네들의 중도 정당과 비슷하다고 하기도 하지요. 그만큼 우리나라 진보정당도 나아갈 여지가 많이 남아 있습니다.

다시 강조하지만, 선거제도 개편이 동반되지 않는 개헌은 위험할 수 있습니다. 촛불을 겪으며 민심은 요동치고 크게 바뀌었는데, 국회는 그런 민심을 반영하고 있지 못합니다. 정치를 바꿔서 더 나은 사회로 나아가기 위해 선거제도 개편이 절실하다는 점을 말씀드립니다.

개헌과
권력구조

말이 나온 김에 개헌에 대해 좀더 말씀드리겠습니다. 헌법 개정을 통해 권력구조를 바꿔야 한다고 주장하는 사람들이 있습니다. 제왕적 대통령제를 폐지해야 한다는 것이지요. 물론 우리나라 대통령의 권한이 미국이나 다른 나라보다 많은 것은 사실이고, 대통령 권한을 줄일 필요도 있습니다.

예를 들어 독일의 메르켈 수상에게는 국내 통치에 관한 많은 권한이 있지만, 검사 임면권은 없습니다. 독일에서는 사법부가 행정부와 독립되어 있는 덕에 검찰을 둘러싼 정치 논란이 벌어지지 않고, 국민들은 검찰의 발표를 강하게 신뢰하지요. 우리나라에 왔던 독일 대사에게 독일 국민들은 검찰을 신뢰하느냐고 물어본 적이 있습니다. 검찰에서 일했던 대사였는데, 국민들이 검찰을 믿는다고 답했지요. 잘 몰라도 검찰이 하는 말이면 일단 믿는다는 것입니다. 우리나라와는 사뭇 다른 정서입니다. 우리나라에서는 나중에 마음 다치기 싫어서 검찰은 의심하고 본다는 분들도 있지요.

비슷한 예는 더 있습니다. 우리나라 군인 중 국회의 청문회를 거친 사람이 누가 있을까요? 국방부 장관밖에 없습니다. 미국은 우리와 다릅니다. 주한미군사령관이 별이 3개인데, 이런 장군도 미국에서는 상원 청문회를 거쳐 임명합니다. 그뿐 아니라 미국의 모든 대사들이 상원에서 청문회를 통과해야 하지요. 그 정도로 입법부가 대통령을 견제하는 힘이 강합니다. 그래서 우리도 대통령의 권한을 좀 줄이고 그만큼 국회의 권한을 늘려야 한다고 주장하는 것입니다.

여기까지 이야기하면 몇가지 의문이 떠오릅니다. 우선 국회가 아닌 국민의 권한이 커지면 안 되는가 하는 것,

그다음에 중앙정부가 아닌 지방정부의 권한이 커지면 안 되는가 하는 의문이 들지요. 즉 분산된 권력이 어디로 향하는지가 중요합니다. 제 생각을 말씀드리면 분산된 권력은 국민, 그리고 지방으로 가야 합니다.

요즘 청와대 청원이 인기 있지요. 가끔씩 현실적으로 불가능한 청원도 올라오지만, 우리 사회의 현안을 공론의 장으로 끌어올린다는 점에서는 순기능이 있습니다. 저는 이 제도를 더 승화할 수 있다고 생각합니다. 가령 100만 명이 참여하면 법안으로 반영한다든가 하는 방법도 있겠지요. 허황된 상상이 아니라 실제로 비슷한 제도를 운용하는 나라들도 있습니다. 국회가 입법부이지만, 국민들이 직접 법을 만들지 못할 이유는 없지 않습니까? 잘 활용할 여지가 있을 것입니다.

대통령의 권한을 국민에게 주라고 하면 겁부터 먹는 분들도 있는데, 전례가 없지 않습니다. 지금이야 서울시장을 시민이 뽑지만, 제가 대학생이었을 때만 해도 대통령이 임명했습니다. 광주시장도 제주도지사도 대통령이 정했지요. 지금은 시민이 자치단체장을 뽑지요? 권한이 국민에게 옮겨간 것입니다. 이처럼 대통령의 권한을 분산한다면 국회에만 몰아줄 것이 아니라 국민에게, 지방에 나눠줘야 합니다.

이렇게 주장하면 꼭 트집을 잡는 사람들이 있습니다. 지금도 투표용지가 7, 8장이라 노년층이 힘들어하는데 더 많아지면 안 된다는 것입니다. 그래서 제가 미국 캘리포니아주의 오렌지카운티에서 실제로 사용한 투표용지를 구해봤습니다. 왜 하필 그곳이었냐면 한글 투표용지가 있는 지역이었기 때문입니다. 미국은 한 선거구에 특정 언어를 사용하는 유권자들이 10퍼센트 넘게 있으면, 해당 언어로 쓰인 투표용지도 만들도록 법으로 정해두었습니다. 굉장히 좋은 제도지요.

제가 구한 오렌지카운티의 투표용지를 살펴보니, 유권자가 투표해야 하는 항목이 모두 26개였습니다. 미국은 노년층이 26개 항목에 투표하는데, 한국은 많아야 8개에 불과합니다. 26 대 8, 저는 이 숫자가 미국과 한국의 국민

분산된 대통령의 권력이 어디로 향하는지가 중요합니다.
분산된 권력은 국민, 그리고 지방으로 가야 합니다.

이 지니는 권력의 차이를 상징한다고 봅니다. 우리는 서울을 예로 들면, 시장, 구청장, 시의원, 구의원, 교육감, 정당투표 2개가 기본이고, 국회의원 재보선이 있는 지역이라면 8개까지 됩니다. 미국은 왜 투표 항목이 26개나 될까요. 선출직이 많기도 하지만, 주법률 같은 것도 투표로 정하기 때문입니다. 캘리포니아주에서 사형제를 폐지한다는 법안도 마찬가지 방식으로 결정됐지요. 26개가 유독 많았던 것도 아니고, 투표 항목이 40개나 됐던 때도 있었으며 그중 절반 이상이 법률 관련한 투표였다고 합니다. 미국은 입법 과정에 유권자들의 뜻을 반영하는데, 우리는 왜 그걸 못합니까? 우리 국민의 판단력이 미국보다 떨어질까요? 전혀 그렇지 않습니다. 촛불에서도 드러났듯 국민은 감정에 휩쓸리지 않고 합리적으로 판단할 준비가 되어 있습니다.

대통령에 집중된 권한을 국민과 지방에 나눠주는 일, 이것은 정치개혁으로도 이어질 수 있습니다. 국민의 권한이 커질수록 정치인들도 국민의 목소리에 귀를 기울일 수밖에 없기 때문입니다. 국민에게 힘이 있는데, 정쟁이나 정계 구도만 신경쓰고 있을 수는 없지요. 개헌을 통한 권력구조 개편은 국민과 지방의 권한이 더욱 커지는 방향이어야 한다, 저는 이렇게 생각합니다.

참여가
세상을 바꾼다

마지막으로 참여에 관해 말씀드리겠습니다. 저는 세상을 바꾸는 원동력이 결국에는 국민의 참여에서 비롯된다고 믿습니다. 오래전부터 그렇게 믿었는데, 촛불을 거치며 믿음이 더욱 강해졌지요.

사실 2016년 12월 9일에 국회에서 박근혜 전 대통령 탄핵소추안을 의결할 때까지도, 저는 탄핵소추안이 국회에서 가결될까 반신반의했습니다. 만약 국회의원 중 3분의 2가 찬성하더라도 헌법재판관 중 3분의 2가 또 찬성해야 하는데, 과연 통과될 수 있을지 확신하지 못했습니다. 그렇게 많은 시민들이 절박하게 요구했음에도 확신은 가지지 못했지요. 저뿐 아니라 국회의원 대부분이 비슷하게 생각했습니다.

당시 여당이었던 새누리당을 제외한 국회의원을 전부 더해도 170석밖에 되지 않았습니다. 여당에서 34명이 이탈하여 탄핵소추안에 찬성해야 3분의 2인 200명을 채울 수 있었습니다. 그런데 아무리 따져봐도 여당에서 탄핵에 찬성할 사람이 34명이나 될 리가 없어 보였습니다. 매일 아침 출근하면 몇명이나 찬성할까? 밤사이 늘어난 사람은 없나? 온갖 정보를 교환하곤 했습니다. 어느날은 외려 늘어난 게 아니라 줄었다, 여당이 아니라 야당에서 탄핵에 반대하는 사람이 나왔다, 이런 유언비어까지 나돌 정도로 불안한 상황이었지요.

결국 어떻게 되었습니까? 탄핵소추안에 찬성한 국회의원은 모두 234명으로 당시 새누리당에서 60명 이상이 찬성했습니다. 새누리당 의원 중 3분의 1 넘게 이탈한 셈이었지요. 저는 굉장히 놀랐습니다. 불가능할 것 같았던 일이 벌어졌으니까요. 그뒤에는 국회에서 박근혜 대통령을 수사하는 특검이 통과됐습니다. 현직 대통령을 수사하는 특별검사 임명이 새누리당의 당론으로 정해졌지요. 만약 당론을 특검 반대로 정했다면 표결이 성립할 수도 없었습니다. 심지어 헌법재판관들은 전원일치로 대통령 파면을 선고했습니다.

어떻게 이런 일이 가능했을지 생각해봤습니다. 저 같은 각 정당 원내대표들이 열심히 뛰어다닌 결과였을까요? 그렇지 않습니다. 국민들이 이뤄낸 결과입니다. 촛불광장에 모인 시민들, 지역구에서 만나는 시민들, 그 시민들의 목소리, 눈빛, 열기가 국회의원들로 하여금 탄핵에 찬성해야겠구나 결심하게 만든 것입니다.

미안한 이야기입니다만, 헌법재판관들의 성향, 탄핵심판 전 판결들에서 드러난 성향을 보면 대통령 파면을 결정한 것은 의외의 결과였습니다. 개개인의 성향만 따지면 절반이 찬성하기도 어려울 것이라고 봤지요. 그런데 그 완고하고 자기 생각을 좀처럼 바꾸지 않는 헌법재판관들이 전원일치로 파면을 선고했습니다. 모두 국민들 덕입니다. 헌법재판관들이 촛불광장에 모인 시민들의 영향을

저는 세상을 바꾸는 원동력이 결국에는
국민의 참여에서 비롯된다고 믿습니다.

전혀 받지 않았다고는 할 수 없을 것입니다.

촛불의 가장 큰 의의는 무엇일까요? 잘못한 대통령을 끌어내리고 감옥으로 보낸 것일까요? 가장 중요한 것은 정권 교체를 총칼을 든 군인이 아닌, 촛불을 든 시민들이 민주주의 절차를 지키며 이뤄냈다는 점입니다.

민주주의란 시스템입니다. 사람들이 자기 생업 또는 하고 싶은 일에 전념해도 시스템이 잘 작동하면 나라가 문제없이 운영될 수 있습니다. 문제가 없을 때 시민들은 뉴스에 댓글을 쓰고 청원에 지지하는 정도로 자기 의사를 표현합니다. 촛불이 일어난 것은, 사람들이 생업과 학업을 내팽개치고 주말을 반납하면서 광장에 나온 것은 시스템이 망가졌기 때문입니다. 대통령이 잘못했고, 비선실세가 부정하게 사욕을 채웠는데, 검찰도 경찰도 제대로 움직이지 않고, 국정원은 뒤에서 댓글만 쓰는 것 같고, 재판부는 죄다 집행유예로 풀어주고, 국회는 손만 놓고 있고, 시스템이 전부 망가진 듯했기에 촛불을 들고 모인 것입니다. 모여서 무엇을 했습니까? 경찰과 충돌하고 청와대 담

을 넘었나요? 아니지요. 계속 외쳤습니다. 시스템을 복구
하라고 말입니다.

국민의 외침에 결국 시스템이 작동하기 시작했습니
다. 국회의원들은 광장에서 시민의 목소리에 귀를 기울였
고, 법원은 시민들이 청와대 턱밑까지 행진하는 것을 허
가했습니다. 시민들이 평화롭게 집회를 하니 경찰은 물대
포를 쏘기는커녕 시민들을 호위했지요. 어떠한 폭력 없이
도 시민들은 엄청난 괴력을 발휘했습니다. 꼼짝도 하지
않을 듯하던 권력기구, 헌법기구 들을 정상화했고, 결국
조기 대선까지 순조롭게 치러냈지요.

지난 촛불집회는 전세계 민주주의에 유례가 없는, 세
계사에서 처음 있는 현상입니다. 한국 민주주의는 그렇
게 더 튼튼해지며 격조가 높아지고 있습니다. 물론 광장
을 가득 메웠던 시민들은 각자의 삶으로 돌아가 있습니
다. 광화문광장은 비어 있지요. 그렇지만 촛불은 여전히
꺼지지 않았다고 생각합니다. 마음속에 여전히 촛불이 있
지요. 언제든지 시스템이 제대로 작동하지 않는다면, 물론

그런 일이 또다시 있어서는 안 되겠습니다만, 국민들은 마음속의 촛불을 꺼내들 것입니다. 그런 의미에서 촛불은 아직 끝나지 않았다고 생각합니다.

촛불 이후를 살아가는 우리에게는 공정, 평등, 평화를 사회에 정착시키는 중요한 과제가 있다고 말씀드렸습니다. 1987년에 미처 이뤄내지 못했던 일들이지요. 그리고 그 과제들을 풀기 위해 정치부터 바꿔야 한다고 했습니다. 정치를 바로 세우기 위해 가장 중요하며 필요한 일은 무엇일까요? 역시 촛불의 경험이 알려주지요. 국민의 참여가 필요합니다.

무엇에 어떻게 참여할 수 있을까요? 일단 투표가 가장 먼저 떠오릅니다. 그외에도 다양한 참여가 있을 수 있습니다. 강연에 참석하는 것도 참여입니다. 댓글을 쓰는 것도, 청원에 찬성하는 것도 참여입니다. 시민단체에 가입하거나 후원금을 내는 것 역시 참여이지요.

그렇다면 가장 역동적이며 직접적인 참여는 무엇일까요? 정당에 가입하는 것입니다. 우리나라는 정당에 가입하는 사람을 권력지향적이거나 권력에 매수당한 사람으로 오인하는 경향이 강합니다. 실제로 과거에는 그렇기도 했습니다만, 지금은 다릅니다. 달라지기 시작했지요. 어느 당이 좋을지 고민이라면, 일단 지금 가장 자신과 뜻이 맞는 곳에 가입하십시오. 정당에 가입해서 당비를 내고 당원 투표에도 참여하면서 다른 당도 바라보면 됩니다. 그러다 다른 당이 더 낫겠다 싶으면 옮겨도 괜찮습니다.

여러 사정 때문에 정당 가입이 힘들다면 후원금을 낼 수도 있습니다. 후원금을 정당에 내는 게 꺼림칙하다면 좋은 일을 하는 시민단체를 도울 수도 있지요. 저는 지금 이야기한 모든 일들이 세상을 바꾸는 소중한 참여라고 생각합니다. 그리고 다행히 세상은 점점 그렇게 바뀌어가고 있습니다.

요즘 언론이 욕을 많이 먹곤 하지요. 저도 언론 때문에 피해를 본 적이 있지만, 욕만 할 필요는 없습니다. 이제 우리 앞에는 '뉴미디어'라는 새로운 세상이 펼쳐져 있습니다. 하루에 트위터 멘션이 2억개가 넘습니다. 네이버 뉴스에 달리는 댓글은 20만개가 넘지요. 물론 멘션과 댓글 중에 건강하지 못한 것들도 있지만, 그런 것들이 있을수록 양식 있는 시민들이 적극적으로 참여해야 합니다. 그래서 댓글을 쓰는 것도 참여라고 말한 것입니다.

다양한 방법으로 참여할 수 있지만, 굳이 참여한다면 혼자 조용히 하기보다는 여러 사람과 함께하길 바랍니다. 2017년 대선에서 두드러진 현상 중 하나가, 정치 견해가 다르기 마련인 청년층과 노년층이 손을 잡고 함께 투표하러 가는 것이었습니다. 조부모와 부모, 자녀가 함께 투표하러 가는 일도 우리나라 민주주의 발전을 상징한다고 생각합니다.

우리는 아직 시대가 바뀌었다고 실감하지 못합니다. 당연합니다. 시대가 바뀐들 예전의 것들이 한꺼번에 없어지지는 않습니다. 하지만 새로운 시대의 막은 이미 열렸습니다. 촛불의 힘으로 열었지요. 진보적이고 개혁적인 방향으로 30년은 더 나아가야 합니다. 그래야 비로소 촛불이 원한 세상을 온전히 이뤄낼 수 있습니다.

새로운 시대의 막이 열렸습니다.
진보적이고 개혁적인 방향으로 더 나아가야 합니다.

예전처럼 10년 정도 갔다가 엎어지면, 훨씬 더 뒤로 후퇴할 수도 있습니다. 후퇴하지 않기 위해서는 지금의 시스템을 바꿔야 합니다. 그중에서도 선거제도를 개편하여 국민의 의사가 정치권에 제대로 반영된다면, 지금 우리 국민들의 정서, 수준, 지향점을 고려했을 때 앞으로 20~30년은 전진할 수 있을 것입니다. 저는 그렇게 되리라고 확신합니다.

언젠가 우리는 서로 '너 촛불 전에 태어났어? 촛불 후에 태어났어?' 하고 물어볼지도 모릅니다. 광장에 모여 '이게 나라냐'라고 외쳤던 우리들이 당당하게 '이게 나라다' '나라다운 나라다'라고 이야기할 수 있는 날이 앞당겨지기를 기대합니다.

묻고
답하기

저는 교육 현장에서 일하고 있습니다. 지금 고3 학생들이
가장 고통스러워하는 문제는 바로 대학 서열화와 관련된 불공정과
불평등입니다. 교육에 있어서 불평등을 어떻게 해소하면 좋을까요.

우리나라의 가장 큰 문제 중 하나는 교육에 있습니
다. 앞서 격차 해소라는 과제를 이야기했는데, 그 진원지
는 교육에 있지요. 그리고 그 핵심은 대학 서열화입니다.
대학 서열화는 백해무익합니다. 대학에 순위를 매긴들 우
리가 얻는 게 전혀 없습니다. 대학 서열화 탓에 과도한 입
시 경쟁이 벌어지고, 사교육비가 끝도 없이 나갑니다. 국
가 생산에 아무 도움도 되지 않는 입시 과열, 이것을 해소
하는 것이 교육에서 불평등을 해소하는 핵심입니다. 입시
과열 해소를 고등학교에 맡겨서는 안 됩니다. 고등학교에
서 할 수도 없는 일이지요.

저는 교육에서 불평등을 해소하는 방법으로 두가지

가 있다고 봅니다. 첫번째, 대학교육 정책을 바꿔서 서열화를 해소하는 것입니다. 구체적으로 제안하자면 양질의 국립대학교를 늘리는 것이지요. 다른 나라들 대부분은 대학교 중에 국공립이 70~80퍼센트이고 사립은 20퍼센트 정도밖에 안 됩니다. 대학교육 자체가 공교육화되어 있는 것이지요. 그런데 우리나라 대학교는 국공립 비율이 20퍼센트가 안 됩니다. 지난 수십년간 정부가 대학교육과 고등교육에 손을 놓고 있었던 탓이기도 한데, 이 때문에 우리나라 대학 개혁이 어렵습니다.

국공립대학교로 문제를 해결하자고 해서 서울대를 없애겠다는 말은 아닙니다. 서울대 외 국공립대학교들의 수준을 올리기 위한 지원을 하고, 학사 관리를 통합 네트워크로 하자는 것이지요. 독일을 예로 들면, 하이델베르크 대학교에 입학해서 2학년 때 프랑크푸르트 대학교로 전학을 갔다가 졸업은 베를린 대학교에서 할 수도 있습니다. 학사 관리를 통합해서 하는 덕에 가능한 일이지요.

모든 대학교의 학사 관리를 통합하면 다 해결되겠지

만, 사립대학교는 사유재산이라 손대기 어려우니 국공립 대학교만이라도 학사 관리, 즉 입학, 시험, 졸업 등을 통합하자는 것입니다. 이렇게 되면 사립대학교 입장에서는 서울대학교가 스무개는 생기는 셈입니다. 더이상 사립대학교가 각종 전횡을 일삼을 수 없게 되겠지요. 국공립대학교의 학사 관리 통합을 통한 대학 평준화, 지금 정부가 교육에 관해 할 수 있는 일은 이것밖에 없습니다.

대학 평준화의 핵심은 개인의 실력이 달라도 학교의 급이 달라서는 안 된다는 것입니다. 전세계에서 대학생 학력이 가장 우수하다는 핀란드는 대학들이 평준화돼 있습니다. 핀란드의 고등학생들에게 어디 대학교에 가고 싶으냐고 물으면 취직이 잘되는 학교라고 답하지 않습니다. 핀란드의 고등학교 교장연합회의 회장이 우리나라에 와서 직접 한 이야기입니다. 핀란드의 고등학생들이 가장 선호하는 대학교는, 가장 친한 친구가 가는 대학이라고 합니다. 어느 대학교를 졸업하든, 학교의 브랜드가 취직에 영향을 미치지 않고 개개인의 능력과 실력이 중요하다는 것이지요. 즉 학사 관리를 통합하여 대학을 평준화하면, 학벌과 학력에 따른 채용 차별 역시 해소할 수 있습니다.

학벌과 학력에 따른 채용 차별 해소, 이것이 불평등을 없애기 위한 두번째 방법입니다. 널리 알려져 있지만 우리나라는 대학 진학률이 지나치게 높습니다. 잘살아서 대학교에 가는 것이 아닙니다. 다른 나라에서는 고등학교만 졸업해도 할 수 있는 일을 우리나라에서는 꼭 대학교도 나오길 요구하기 때문이지요.

일본도 대학교 입시가 치열하기로 유명하지요. 그런데 우리나라는 일본보다도 대학 진학률이 훨씬 높습니다. 2017년 일본의 대학 진학률은 52.6퍼센트였습니다. 반면 우리나라는 68.9퍼센트였는데, 그나마 최근 7년간 최저치였다고 합니다. 일본 지방신문에서는 2월마다 1면 기사로 올해 우리 지역의 고등학교 졸업생 중 몇퍼센트가 취직했는지 다룹니다. 우리나라는 고등학교 졸업하고 바로 취직하면 집안의 걱정거리가 되지 않습니까? 일본은 반대로 취직률이 높을수록 자랑스럽게 여깁니다. 고졸 사회 초년

생도 제대로 대우를 받기 때문입니다. 대학 졸업자와 일하는 분야가 다를 뿐, 노력한 만큼 정당한 대우를 받습니다. 우리나라와 사뭇 다릅니다.

학사 관리를 통합해 결과적으로 대학 서열화를 깨버리는 것, 그리고 학력과 학벌에 따른 차별을 제도적으로 강력하게 없애는 것, 저희가 교사들과 토론도 하고 연구도 하면서 도출해낸 최선의 방안입니다. 물론 다른 좋은 방법이 있다면 저는 지지하겠습니다. 다행스러운 점은 현 정부가 지난 대선부터 저희의 주장과 유사한 정책들을 받아들였다는 것입니다. 아직 갈 길이 멀지만 궁극적으로는 앞서 말씀드린 방향으로 우리나라 교육이 나아가야 합니다.

대학교를 졸업하고 취업하려 하는데, 너무 갑갑합니다.
그나마 구인 공고가 나와도 비정규직인 경우가 많고요.
일자리 문제를 어떻게 해결할 수 있을까요.

저는 복지를 강조하는 사람입니다. 우리나라 복지는
여전히 국민소득 대비 너무 낮기에 늘려야 한다고 많이
이야기했지요. 복지가 중요합니다만, 더 중요한 것은 일
자리입니다. 일자리는 두가지가 중요한데, 첫째는 새로운
일자리를 만들어내는 것입니다. 이걸 우리나라 정치가 제
일 못하고 있고, 현 정부가 잘하고 있는 일 중 하나가 이것
이라고 봅니다. 제가 기억하기로는 처음입니다. 일자리 문
제는 어느 정부든 강조해왔지만 신통치 않았습니다. 특히
이명박·박근혜정부는 일자리를 만든다고 행사를 하거나
센터나 만들었지 정작 일자리는 만들어내지 못했지요.

지금도 많은 언론들, 특히 보수언론들이 일자리는 기

업이 만들어낸다, 대기업이 만든다고 합니다. 그런데 그 뒤에 숨은 이야기가 뭔가 하면, 그러니 대기업 좀 잡아가지 마라, 대기업 지원을 많이 해라, 세금 좀 깎아줘라, 이 말입니다. 과연 대기업이 일자리를 만들 수 있습니까? 얼토당토않습니다. 미국도 한국도 전세계적으로 대기업이 일자리를 만들지 못하는 것이 현재 상황입니다. 100억원을 투자하면 일자리를 대기업에서 100개, 중소기업에서는 300개 만듭니다. 대강 이야기하는 것이 아니라 연구결과로 나와 있습니다.

성장만 하면 된다, 수출 많이 해서 성장하면 일자리 만들어진다, 이렇게들 말하지요? 과거에는 그랬습니다. 박정희 시대에는 경제가 1퍼센트 성장하면 일자리는 30만개 만들어졌습니다. 당시 7퍼센트씩 성장했으니까 매년 210만개의 일자리가 만들어졌습니다. 그런데 벌써 10년 전인 노무현정부 때는 경제 성장 1퍼센트가 일자리 10만개를 만들었습니다. 지금은 1퍼센트 성장한들 일자리는 7만개 만들어질 뿐입니다. 가령 지금 3퍼센트 성장한다면 일자리는 21만개가 만들어지는데, 박정희정부 시절 1퍼센트 성장이 만들어내던 일자리보다 적지요.

이제는 대기업이 일자리를 만들 수 없습니다. 우리 경제 규모에서는 더이상 성장이 일자리 창출로 이어지지 않습니다. 우리나라와 경제 수준이 비슷한 대부분의 나라에서 일자리는 공공부문과 정부가 주도하는 사업에서 만들어집니다. 그간 보수정당과 보수언론이 이야기하던, 정부가 일자리를 만들 수 없다는 주장은 다 거짓입니다.

독일의 메르켈 총리가 2017년 초에 이렇게 말했습니다. "1년 동안 신재생에너지 사업에 정부가 투자해서 일자리를 80만개 만들겠다." 이 말이 정답입니다. 독일 정부는 과거에도 그런 식으로 일자리를 100만개 이상 만든 적이 있습니다. 영국에서도 런던 시장 선거를 하면 보수당이든 노동당이든 후보들의 1번 공약이 일자리를 구체적으로 얼마나 만들겠다고 하는 것입니다.

정부가 일자리를 만드는 데에는 크게 두 방향이 있습니다. 예전에 포항제철, 한국중공업 같은 기업들 누가 만들었습니까? 정부가 만들었지요. 우리나라 산업에 꼭 기업인데 민간이 주도하기에는 규모가 크니까 정부가 만들어서 궤도에 오른 다음 민영화를 했습니다. 이런 방식이 지금도 유효할 수 있습니다.

르노 자동차가 힘들 때 프랑스 정부가 어떻게 했는 줄 아십니까? 정부가 회사를 사들였습니다. 노동자는 누구도 해고하지 않았지요. 어느날 주식회사 르노가 국립 르노로 탈바꿈한 것입니다. 르노가 정상화한 다음에는 다시 민영화했습니다. 영국의 시장들도 비슷한 일을 합니다. 가망성 있는 기업이 돈이 없어 쓰러지면 아예 시 예산을 들여서 사들입니다. 그렇게 일자리를 유지하고 기업을 정상화한 다음 매각해서 차익을 챙기지요. 영국은 심지어 지방자치단체가 이런 일을 하니, 우리도 정부가 좀더 적극적으로 나서야 합니다.

일본의 아베 신조 총리, 우리나라에서는 욕을 많이 먹지만 일본에서는 박수를 받는 사람입니다. 지금은 일본 내 여론도 좋지 않긴 합니다. 아베가 박수를 받는 이유는 일자리 문제에 적극적으로 나섰기 때문입니다. 일본은 선진국 중에서도 정규직과 비정규직의 임금 격차가 큰 나라입니다. 아베는 비정규직의 임금을 정규직의 80퍼센트 수준으로 올리겠다고 공약했고, 실시했습니다. 일자리를 새로 만드는 데도 적극적이었지요. 저출산 문제도 젊은이들이 일하느라 시간이 없어서 그렇다고 하니, 노동시간 단축과 그로 인한 일자리 창출에 나섰습니다. 일본도 이렇게 하는데 우리가 하지 못할 이유는 없을 것입니다.

일자리에서 중요한 문제, 두번째는 과도한 임금 격차입니다. 동일노동 동일임금 원칙은 헌법에 못을 박더라도 반드시 지켜야 합니다. 임금 차별은 사회적으로 굉장히 위험하며 생산성 향상에도 도움이 되지 않고, 양질의 노동력을 썩히는 것이기도 합니다. 스위스에서는 동일노동 동일임금 원칙을 지키지 않은 사용자는 당장 수갑을 찹니다. 우리나라는 대놓고 차별을 해도 합법이지요. 그러니 제도적으로 임금 차별을 줄여나가야 합니다.

우리나라 일자리 문제들 중에 가장 나쁜 것이 예전에는 강제노동, 아동노동이었습니다. 지금은 파견노동입니다. 비정규직보다도 심각한 고용 형태이지요.

파견노동이 문제인 이유는 중간착취가 합법이 되기 때문입니다. 가령 내가 인력사무소를 차려놓고 노동자들이 나를 통해서만 일할 수 있게 만들었다고 해보지요. 그리고 사용자가 100만원을 주면 나는 노동자에게 80만원만 주는 것입니다. 중간에 있다는 이유만으로 남이 일해서 번 돈 중 20만원을 취하게 되지요.

다른 나라에서는 파견이 허용되는 분야를 최소화해 왔습니다. 그런데 우리나라는 파견을 계속 늘려왔지요. 예를 들어 인천국제공항이 처음 만들어질 때 건설은 파견이 허용되지 않는 업종이었는데, 인천대교를 만들 때는 건설도 파견이 허용되었습니다. 파견직이 되면 일하는 사람의 소속이 달라집니다. 인력사무소 같은 파견회사 소속이 되는 것이지요. 그래서 노동조합에도 가입할 수 없게 됩니다. 앞서 말했듯 파견회사에서 임금을 일부분 가져가는데 노동조합에 가입하여 본인의 권리를 지킬 수도 없는 것입니다.

최소한이어야 할 파견노동이 지금 우리나라에는 너무나 많습니다. 심지어 강남의 큰 대학병원 중에는 간호사의 상당수가 파견직인 곳도 있습니다. 그런 사실을 환자는 알 수 없습니다. 똑같은 옷을 입고 똑같은 일을 하니까요. 이런 간호사들의 소속은 그 대학병원이 아니기 때문에 노동조합이 있어도 가입하지 못하고, 노조가 권리를 위해 파업해도 묵묵히 일할 수밖에 없습니다. 게다가 똑같은 일을 해도 정규직 간호사에 비해 적은 월급을 받습니다. 정규직 간호사가 280만원을 받으면 파견직 간호사는 210만원을 받지요. 사무실에 가본 적도 없는 파견회사가 한달에 70만원씩 가져가는 것입니다.

파견노동은 굉장히 위험합니다. 가령 간호사가 일하는 도중 사고를 겪어도 병원에서는 자기네 소속이 아니라며 발뺌을 합니다. 파견회사는 당연히 책임지지 않으려 하겠지요. 결국 노동자는 어디에서도 보호받지 못하게 됩니다. 거듭 말하지만 이런 파견노동이 우리나라에 너무나 많습니다. 병원뿐 아니라 호텔 등을 봐도 고용 형태가 수십가지씩 됩니다. 이렇게 고용을 복잡하게 만든 이유는 간단합니다. 인건비를 줄이고 노동조합 결성을 막기 위해서입니다. 그리고 이러한 중간착취가 쉽게 일어나는 것은 규제가 약하기 때문입니다. 당장 파견을 아예 금지할 수는 없다고 해도 지금보다는 규제 강도를 높여야 합니다.

파견직을 살펴보면 대체로 힘들고 위험한 일들이 많습니다. 지하철 스크린도어를 수리하다 사망한 분들 같은 경우가 그렇지요. 상식적으로 생각해서, 위험한 일을 하면 돈을 더 주어야 마땅하지 않습니까? 다른 나라들은 그런

상식을 지키고 있습니다. 미국에서는 매해 위험한 직업의 목록을 발표합니다. 1위는 킹크래브를 잡는 사람들입니다. 바다에서 사고를 당할 확률이 높아서 그렇겠지요. 위험한 대신 그들은 소득이 아주 높습니다. 굴뚝을 고치는 연관공, 미국에서 이들은 변호사보다 많은 돈을 벌며 소득이 높은 직업으로 손꼽힙니다. 우리나라와는 사뭇 다르지요.

우리가 당장 외국처럼 되기는 어려울 것입니다. 그렇지만 개선할 필요는 분명히 있지요. 일단 부당하게 적은 임금을 주거나 격차가 있는 경우부터 개선하고, 나아가 앞서 말한 대로 좋은 일자리를 많이 만들어야 합니다.

저는 자영업자인데 매일매일 살얼음판을 걷는 듯합니다.
공적 영역에서 자영업자들을 위해 해줄 수 있는 일은 없을까요.

자영업도 우리 경제의 뇌관 중 하나입니다. 대부분 중년 이상이고 모아둔 돈이 좀 있는 분들이 퇴직금을 합쳐서 가장 만만해 보이는 식당을 차리고는 합니다. 그런데 서울에서 1년을 넘기지 못하고 폐업하는 식당의 비율이 대략 70퍼센트입니다. 우리나라 중산층이 해마다 줄어든다고 하는데, 어디서 줄어드는 것일까요. 자영업자에서 줄어드는 것입니다. 일자리 정책이 실패해서 자영업자는 늘어나고, 오래 버티지 못하고 망했는데 재취업이 어려우니 다시 빚을 내서 장사하다 망하고, 이런 악순환이 일어나고 있지요.

우리나라 자영업자의 비율이 얼마나 비정상적인가

하면, 무려 미국의 4배입니다. 우리나라에서 경제활동 인구 대비 자영업자 비율이 28퍼센트인데, 미국은 7퍼센트에 불과하지요. 미국은 동네에 슈퍼마켓이 하나라면, 우리는 4개 있는 셈입니다. 경쟁이 치열할 수밖에 없는 구조입니다. 그래서 미국 슈퍼마켓이 8시에 문을 닫을 때 우리는 12시까지 영업하고, 24시간 영업까지도 하는 것입니다. 그래야 겨우 먹고살 수 있기 때문입니다.

자영업 문제는 여성과도 관련이 깊습니다. 여성들이 가장 많이 하는 자영업 중 하나가 미용실입니다. 우리나라에 미용사 자격증을 가진 사람이 60만명이라고 합니다. 우리나라 국군 장병만큼 미용사가 있는 셈입니다. 제가 대한미용사중앙회 회장에게 미용사가 먹고살려면 하루에 손님을 몇명 받아야 하는지 물어본 적이 있습니다. 하루에 20명이라고 했지요. 단순 계산을 해보면 60만명의 미용사들이 먹고살기 위해서는 매일 1200만명이 미용실에 가야 합니다. 우리나라 여성 인구가 대략 2400만명인데, 절반씩 돌아가면서 이틀에 한번은 미용실에 가야 하는 것입니다. 현실적으로 불가능하지 않겠습니까? 그러니 대다수 미용사들의 수입은 기껏해야 생계 보조수단, 아이들 학원 비, 반찬값에 지나지 않는 것입니다.

이런 예가 미용사만 있는 것도 아닙니다. 이 문제를 어떻게 해결해야 할까요? 너무 많으니 줄이면 될까요? 시험을 어렵게 만들면 줄어들까요? 미봉책일 뿐입니다. 근본적으로는 양질의 일자리가 많아져서 자영업자들이 다른 분야로 갈 수 있어야 합니다. 정말로 미용에, 식당에 내 인생을 걸고 승부하겠다는 분들만 자영업을 해야겠지요. 자영업자가 많아진 원인은 노동시장이 망가진 것이기 때문에 노동시장을 회복시키는 것이 우선입니다.

노동시장을 회복시키기 위해서는 역시 정부가 나서야 합니다. 대기업은 더이상 일자리를 만들어낼 수 없기 때문입니다. 예를 들어 지금 조선업이 어려운데, 몇년만 버티면 주문이 들어올 것 같습니다. 그렇다면 정부에서 필요한 배들, 여객선이나 군함 등을 좀더 빨리 당겨서 주문하는 것이 해결책이 될 수 있겠지요. 정부가 나서서 공장이 쉬지 않게끔 하는 것이고, 실제로 이런 일들이 이뤄지고 있습니다. 비슷한 방법으로 정부 자료의 전산화도 새로운 일자리를 만드는 방법이 될 수 있습니다. 공공부문에서 일자리를 창출하는 것은 세계적인 추세입니다.

그렇기에 현 정부가 나서서 공공부문의 비정규직을 정규직으로 전환하려고 하는 것은 굉장히 훌륭하다고 봅니다. 정규직 전환에서 나아가 일자리도 만들면 금상첨화겠지요. 어차피 지금도 소방공무원이 부족해서 난리이지 않습니까? 소방공무원을 더 뽑고 경찰도 부족하면 뽑으면 됩니다. 다만 공무원을 무한정 늘릴 수는 없겠지요. 그와 더불어 정부가 투자해서 산업 부흥도 꾀해야 합니다. 가령 정부가 IT산업에 투자해서 간접적으로 일자리를 창출하는 것도 한 방법이겠지요. 중요한 것은 정부가 선도적으로 나서는 것입니다.

의원님은 정치를 하면서 개인적으로 고초도
많이 겪은 것으로 압니다. 그럼에도 불구하고 정치권에 남아
더 큰 정당으로 가지 않는 이유와 그 원동력이 궁금합니다.

제가 지금은 국회의원이지만, 원래 제 꿈은 국회의원
이 아니었습니다. 저에게 죄가 있다면 학교에서 배운 대
로 했다는 것이겠지요. 학생운동을 하다가 광주민주화운
동을 알게 되었습니다. 총칼을 앞세워 국민을 짓밟는데
지식인 몇몇이 떠든들 문제가 해결되지는 않겠구나, 더
큰 변화가 필요하니 길게 보자, 이렇게 생각했지요. 그래
서 스스로 용접공이 되어서 공장에 들어가 노동운동을 시
작했습니다. 그러다가 제가 예상한 것보다 훨씬 빨리 전
두환정권이 무너졌기 때문에 노동운동에서 나와 다시 뭘
할까 고민을 참 많이 했지요.

1987년을 계기로 우리나라는 민주화의 길에 들어섰

지만, 안타깝게도 제대로 된 진보정당은 없었습니다. 이른바 민주주의 선진국이라고 하는 영국, 독일, 프랑스, 이탈리아, 스웨덴 등은 진보정당이 집권하거나 제1야당이거나 한데, 우리나라는 아예 없었습니다. 그래서 제대로 된 진보정당을 만드는 것이 제 평생의 목표가 됐습니다. 비유하자면 남들이 어느 기업에 들어갈까 고민할 때 저는 기업을 만들겠다고 나선 것입니다. 물론 그 과정이 쉽지는 않았습니다. 진보정당을 만들기만 하면 제 역할을 다하는 것이라고 생각할 정도였지요.

제 주변 사람들도 저를 이해하지 못했습니다. 정치를 하겠다고 나섰는데 남들이 알아주는 큰 정당에 들어가지는 않고 정당을 만들겠다고 하니, 취직도 못하는 놈이 기업을 만들겠다고 하는 것처럼 보인 것이지요. 사실이기도 했습니다.

제 평생의 과업이라고 했는데, 또 생각보다 빠르게 진행되어 10년 만에 진보정당이 만들어졌습니다. 그게 2000년의 일입니다. 그때만 해도 제 역할은 다했다고 생각했는데, 4년 만에 국회의원이 되었지요. 중간에 국회의원 배지를 떼기도 하는 등 이런저런 우여곡절이 있었지만 지금도 국회의원을 하고 있고 원내대표가 되어보기도 했습니다.

제 개인만 생각하면, 으리으리한 당에 들어가서 더 많은 기회를 노렸을 수도 있었겠지요. 하지만 미래를 내다보면, 여전히 우리나라에 제대로 된 진보정당이 있어야 한다고 생각합니다. 지금이야 진보정당이 작지만 나중에 커지면서 거목 같은 정치인이 나올 수도 있지 않겠습니까? 그런데 저 같은 고참이 개인을 생각해서 편한 길을 찾으면 누가 진보정당을 키우겠습니까. 제가 빠진다고 진보정당이 없어지지는 않겠지만, 남은 사람들은 힘들어질 수도 있습니다. 그러지 않도록 지금 제가 있는 자리에서 잘해야 한다고 생각합니다.

인생은 그리 길지 않고, 한가지 일만 하기에도 짧습니다. 그렇기에 한가지라도 제대로 해낸다면 그 자체로 의미가 클 것입니다. 직업에는 귀천이 없다고 하지 않습니까. 어떤 직업이든 심혈을 기울여서 일하고 가치를 창출한다면, 세상에서 내리는 평가 이상의 거룩한 일이 될 수 있습니다. 제가 하고 있는 일이 이 세상에서 가장 위대한 일이라고 생각하지는 않습니다. 더 훌륭하고 좋은 일들이 많지요. 하지만 직업에 귀천이 없듯이 제가 지금 하고 있는 일에도 가치가 있다고 생각합니다. 저에게는 다른 일을 할 생각과 능력이 부족하기 때문에, 지금 하고 있는 일로써 우리나라에 기여하고자 합니다. 이것이 저의 꿈이기에 앞으로도 계속할 것입니다.

멈추지 않을
진보정치의 꿈,

노회찬

*이 글은 소설가 안재성이 쓴 고 노회찬 의원의 약전으로, 월간 『시대』 50호(박종철출판사 2017)에 수록되었던 「진보정당운동의 산증인, 노회찬」을 수정했다.

조봉암을 닮은 사람

시원한 장마가 시작될 시기지만 지독한 가뭄이 끝날 줄 모르는 2017년 6월 20일, 여의도 국회의사당으로 정의당 원내대표 노회찬 의원을 찾았다.

반가운 여우비가 후드득거리는 오후 시간, 국회의사당 입구부터 아는 얼굴들이 눈에 띈다. 오래전 노동운동을 함께하다가 인권변호사가 된 선배도 만나고 보도연맹 유족회의 낯익은 어른들도 만났다. 시골에서 올라온 행색이 역력한 노인들이 제각기 가슴에 표찰을 달고 의원회관 안팎을 물결 지어 돌아다니는 사이로, 얼굴을 알 만한 의원들이 나와 배웅하느라 바쁘다.

"의원회관을 찾는 민원인이 하루에 2만명에 이른다고 합니다. 국회의원이란 게 쉬운 직업이 아니지요."

노 의원도 바쁘다. 온종일 10분 여유도 없이 면담이 계속된다. 특히 이날은 여러 방송과 인터뷰가 잡혀 있다. 문재인 대통령이 추천한 장관 후보들을 낙마시키려고 트집 잡기에 바쁜 보수정당들을 상대로 특유의 촌철살인을 날리며, 당사자인 민주당 의원들보다 더 잘 싸우고 있는 그에게 언론의 취재가 집중된 탓이다.

"국회를 민의의 전당이라고 합니다. 민의의 전당에서는 민의가 이겨야 합니다. 정당들끼리 의견이 다르다면 민의를 좇아가면 됩니다. 서로 정당이 달라도 잘하는 건 잘한다고 하고 못하는 건 못한다고 해야지요."

민주당이 하는 일이면 무조건 비난하고 발목을 잡는 보수세력이나, 잘하는 일에는 모르는 척하면서 못하는 게 없는가만 찾고 있는 듯 날 선 진보세력과는 다르다.

그래서인가, 노회찬을 보면 조봉암이 생각난다는 이들이 있다. 조선공산당의 창당 주역이었으나 현실사회주의 국가의 압제에 반대해 처음으로 사회민주주의를 주창했던, 필요에 따라 이승만과 손잡고 토지개혁을 주도하기도 했지만 결국에는 이승만 독재에 맞서 싸우다가 처형된 조봉암의 일생을 떠올리는 것이다.

다르다면 조봉암은 야만적 시대의 제물로 갔으나 노회찬은 3선 의원으로 활약하고 있다는 점이다. 의석수 6석밖에 안 되는 정의당의 원내대표지만 그 6석도 우리나라 진보정당 현실에는 소중하다. 물론 그가 속한 정의당이나 그가 천명해온 사회민주주의는 진정한 진보가 아니라고 생각하는 또다른 진보정당들이 존재하지만, 현실에서는 국회의원을 가진 유일한 진보정당인 것이 사실이다.

노회찬을 두고 한국 현대 진보정당사의 산증인이자 주역이라고 말하는 이들도 있다. 노회찬은 1987년 12월 대선에서 처음으로 민중후보를 내세운 민중의당을 주도한 이래, 민중당에서 진보정당추진위원회, 민주노동당, 진보신당, 통합진보당을 거쳐 현재의 정의당까지 한번도 진보정당 운동에서 벗어난 적이 없었을뿐더러 늘 주역의 하나였다.

돌이켜보면 그가 만들었거나 속했던 진보정당들은 모두 그와 다른 정파들에 의해 장악되어 그는 밀려나거나 혹은 스스로 분당해 나왔다. 그럼에도 맨 처음 진보정당 운동을 시작했고, 많은 동지들이 자의든 타의든 물러난 상황에서 유일하게 국회에 진출한 정당을 이끌고 있으니 그를 두고 현대 진보정당사의 산증인이라고 말하는 것도 무리는 아니겠다.

백기완 후보가 나서면서 시작된 진보정당 운동이 올해로 꼬박 30년째다. 노회찬의 진보정당 운동 시계와 똑같다. 지겹게 들어온 질문이겠지만, 왜 오로지 이 운동에 일생을 바치는가 물으니 그는 이렇게 답한다.

"한 사람이 평생에 한가지 일만 추구해도 이루기 힘든데 어떻게 여러가지 일을 하겠습니까? 학창 시절에 결심한대로 이 사회의 약자와 빈자의 권익을 위해 일생을 바치겠다는 저 자신과의 약속을 지킬 뿐입니다."

신념보다 더 중요한 것은 실천이다. 노회찬은 극히 검소한 생활로도 유명하다. 그럼에도 노동자를 위한 일간지 『매일노동뉴스』를

10년간 운영하느라 빚더미에 앉아 오랫동안 신용불량자로 살아야 했다. 처음 국회의원이 되었을 때 은행에서 의원용 신용카드를 발급하려다가 당신은 조건이 안 된다며 거절한 일화도 유명하다. 지금도 그는 소유한 집 한채 없이 전세살이를 하고 있다. 삶과 사상이 일치하는, 이 변치 않는 무욕의 삶이 지금의 그를 있게 했을 것이다.

흔들리지 않음, 편향되지 않음, 재치 넘치는 문학적 표현에 특출함, 정치적으로나 경제적으로나 욕심이 없음 등등으로 표현되는 이 노회찬 특유의 인성은 어디서부터 비롯되었을까?

진보진영 인사들은 대개 운동 경력만 내세울 뿐 개인사는 잘 알려져 있지 않다. 노회찬 의원이 부산 태생이라는 사실을 아는 이도 많지 않을 것이다. 경상도 말은 억양이 강해서 고향을 떠나고 수십년이 지나도 출신을 숨기기 어렵다. 그런데 그의 말투에서는 경상도 억양이 잘 드러나지 않는다. 그 이유부터 질문해보았다.

첼로 연주하는 노지심

아버지의 이력부터 독특하다. 아버지 노인모씨는 이북 출신이다. 일제 치하에서 조선질소비료 흥남 공장 노동자로 일하다가 징용으로 끌려가 고생하고 돌아와서는 원산의 도서관에서 사서를 하던 문학과 예술의 열렬한 애호가였다. 전쟁 때 부산으로 내려와 초량동 산동네에 살면서 원태순씨와의 사이에 세남매를 낳아 키웠다.

노회찬은 위로 누나를 둔 맏아들로, 1956년 8월에 태어났다. 부모님이 이북 말씨를 쓰니 노회찬도 자연히 이북 억양에 익숙해졌다. 노회찬이 부산 출신임에도 남과 북이 합쳐진, 어디 출신인지 짐작하기 어려운 특이한 억양을 가진 이유다.

초량동 산동네는 전쟁 피란민들이 많이 살던 빈민촌으로, 무허가로 얼기설기 지은 판잣집이 대부분이었다. 노회찬의 가족은 그나마도 집을 사지 못해 한칸짜리 셋방에서 다섯 식구가 살다가 나중에 두칸으로 늘렸다. 부산중학교를 졸업하고 서울로 진학할 때까지 그 집에 살았으니 노회찬의 부산 생활은 초량동의 셋방살이가 전부다.

셋방살이를 했어도 마음만은 빈곤하지 않은 가족이었다. 문화적으로는 다른 어느 가정보다도 풍요로웠다. 아버지가 박봉이나마 회사원으로 일해 안정된 수입이 있기도 했지만, 자녀들에게 물질적 욕망보다는 문학과 예술을 사랑하도록 인도했기 때문이다. 방이 두칸으로 늘자 암실부터 만들어 스스로 찍은 사진을 인화하던 멋쟁이 아버지였다.

"살림은 가난했어도 정신적으로는 풍요로웠어요. 아버님은 저에게 문학과 예술에 눈을 뜨게 해준 분입니다. 어려서부터 아버님이

독서하는 것을 보고 배워서 밥을 먹으면서도 책을 읽을 정도였는데 중학교 들어가니까 아버님이 전축 앞에 불러놓고는 너도 이제 중학생이니 이걸 들어야 한다면서 베토벤의 「운명」을 틀어주세요. 백번은 더 들었을 거야. 토스카니니가 지휘하는 연주였는데 처음에는 머리가 깨지는 것 같았는데 나중에는 심취하게 되었죠."

어머니 원태순씨도 마찬가지였다. 그 가난한 살림에 남편과 값비싼 오페라를 보러 가던 이였다. 노회찬이 중학교에 들어갈 때가 되자 어머니가 먼저 나섰다. 아무리 형편이 어려워도 사람은 악기를 하나쯤은 다룰 줄 알아야 한다며 고르게 했다. 누나는 피아노를 택했는데 노회찬은 바이올린보다 큼직한 것이 배우기 쉬울 듯해 첼로를 택했다.

연습용 첼로는 가격이 싸서 살 수 있었는데 사사가 문제였다. 부산에는 첼로 선생이 한두명밖에 없던데다 수강료도 엄청났다. 운 좋게도 부산시립교향악단 첼로 수석주자였던 배종구 교수에게 직접 배울 수 있었다. 나중에 서울에 올라가 경기고등학교에 진학한 후에도 역시 좋은 교수를 만났다. 다른 학생들과 달리 대학 진학을 위해 배우는 게 아니라 음악을 사랑해서 배우려는 것을 안 두 교수는 거의 돈을 안 받고 가르쳐주었다. 그러나 재능은 없었음이 분명하다. 그는 유쾌하게 웃으며 말한다.

"그분들께 꽤 여러해를 배웠는데 열심히 하라는 말만 잔뜩 들었지, 너는 재능이 있다고 말씀하신 적은 한번도 없습니다. 그 대신에 제가 리코더는 아주 잘 불었어요. 무슨 노래든 듣기만 하면 즉석에서 악보로 옮겨 리코더로 불 정도였지요."

어렵게 배운 첼로 솜씨로 경기고등학교 재학 중 이화여고 축제에 초대받아 3000원의 출연료까지 받고 공연한 적도 있었다. 첼로를 배우며 음악에 심취해 당시 서울의 낭만파 학생이라면 필수적으로 출입하던 고전음악감상실 르네상스에도 드나들고, 서정주의 시를 가사로 삼아 노래를 작곡해본 적도 있었다. 음악뿐 아니었다. 문학, 철학 등 모든 분야의 책을 열독했고 영화도 무척 좋아해서 고등학교 때는 한해 개봉된 모든 영화를 보러 다녔나.

문화와 예술에 취했다고 해서 책상물림의 샌님은 아니었다. 삼육초등학교와 부산중학교를 다니는 내내 한해도 빠지지 않고 학급반장을 했다. 아이들을 몰고 다니며 골목대장 노릇도 하고 중고등학교 때 선생들이 부당하게 굴면 바로 대들어 싸웠다.

"중학교 때부터 고등학교 내내 그랬어요. 조금이라도 부당하다 싶으면 못 참고 선생님한테 바로 대들어서 엄청 많이 맞았습니다. 대걸레 자루로 엉덩이 맞기, 주먹으로 얼굴 맞기, 꽃병으로 머리 두들기기 등등 정치나 학원이나 폭력이 일상이던 시절이었는데도 계속 반항했죠."

잘못된 일에는 반항을 하되 상대방에 대한 기본적 애정과 존중심을 잃지 않는 그의 특징은 그때도 나타난다. 고등학교 1학년 때였다. 세계사 선생이 미국 인디언에 대해 무슨 이야기를 했는데 아이들이 피식거리며 동조를 하지 않자 버럭 성질을 내는 것이었다.

"너희는 텔레비전도 못 봤냐?"

이에 아이들이 못 봤다고 하자 속 좁은 선생은 고함쳤다.

"못 본 놈 앞으로 나와!"

겁먹은 아이들은 아무도 나가지 않는데 노회찬이 혼자 나갔다. 자취방에는 진짜로 텔레비전이 없었던 것이다. 시키는 대로 했을 뿐인데도 대든다고 생각한 선생은 무자비하게 뺨을 때리기 시작했다. 억울한 일이었다.

"정말 무한대로 맞았어요. 귀싸대기를 양쪽으로 무한대로 맞고 나니까 기분이 좀 그랬죠. 선생님이 과도했고 어른답지 못하다, 그렇게 생각했지요. 하지만 한편으로는 내가 괜히 폼을 잡아 선생님으로 하여금 학생을 때리게 만든 건 아닐까 그런 생각이 들어요. 그래서 억울하게 맞고도 교무실에 찾아가서 '죄송합니다!' 이랬어요. 그런데 선생님이 사과를 받아들이지 않더라고요."

아니다 싶으면 곧장 일어나 대드는 성격은 이후에도 변치 않아 참 많이 얻어터지며 학창 시절을 보냈다.

운동도 좋아해서 중학교 시절부터 펜싱과 육상은 선수급이었다. 그 덕분에 고등학교 2학년 때는 무술을 잘한다는 소문이 나서 『수

호전』의 장사 '노지심'이라는 별명을 얻기도 했다. 운동도 잘했겠지만 아마도 커다란 체구에 그보다 더 큰 머리통, 그리고 두려움을 모르고 옳고 그름을 지적하는 대범한 성격 때문에 붙은 별명이 아니었을까 짐작된다. 오늘날 그가 보수와 진보 양쪽의 공격을 개의치 않고 '민의'라는 상식적인 눈높이에서 나오는 소신 발언을 계속하는 이유를 알 만하다.

성격이 이렇다보니 사회운동도 퍽 일찍 시작했다. 아는 선배의 영향을 받거나 학습서클에 들어가 배운 게 아니라, 스스로 생각하고 주도했다. 경기고등학교 1학년이던 1973년의 일이니 참 조숙했다.

저항의 시대

인생이란 예기치 못한 우연에 좌우되기도 한다. 나이대로 하면 1972년에 부산고에 입학해야 했던 그가 재수를 하고 한해 늦게 경기고에 들어간 것은, 스스로 말하기를 자기 인생의 한 미스터리라고 한다.

지역의 명문이던 부산중학교에서는 넷 중 셋이 부산고등학교에 들어갔다. 그런데 전교 10등 밑으로 내려가본 적이 없던 노회찬이 낙방을 하고 만 것이다. 정말 이유를 알 수 없었다. 평소 부산을 떠나 서울의 경기고에 가고 싶기는 했지만, 일부러 시험을 망친 것은 아니었다. 가족의 오해도 싫고 부끄럽기도 하여 고등학교를 아예 포기하겠다고 주장하는 그를 아버지는 서울로 보내 재수를 하게 했다.

"서울에 온 게 내 인생에 가장 큰 전환점이 된 거죠. 부산에 있었으면 아마 내가 이 길로 안 들어섰을 겁니다. 반항심만 극대화된 채 친구들과 어울려 이상한 길로 빠졌을 겁니다."

어쨌든 전국의 수재가 모여든 경기고에 들어가자마자 그는 또다시 인생의 전환을 맞는다. 이번에는 스스로 원해서 택한 길이었다.

한창 재수를 하고 있던 1972년 10월, 박정희는 소위 유신헌법을 선포해 영구적인 대통령의 길을 연다. 이건 분명 교과서에 나오는 민주주의가 아니었다. 무엇보다도 노회찬이 분개한 이유는 국회를 해산했다는 점이었다.

"중학교 3학년 교과서에 나와요. 국회는 해산할 수 없다고. 그런데 국회가 해산됐다는 거야. 내가 잘못 알고 있는가 해서 책을 다시 봤어요. 확실히 잘못된 거라. 나는 그다음날 엄청난 데모가 일어날 줄 알았어. 국회가 해산됐으니까. 그런데 아닌 거야. 멀쩡한 거야. 이게 지금 뭐냐, 가만히 있으면 어떻게 하느냐, 이래 가지고 어린 나이에 저항을 시작한 거죠."

정부 발표는 일체 신뢰하지 않게 된 대신 월간 『다리』를 구독하고, 강제폐간된 『사상계』를 청계천 헌책방에 가서 권당 30원에 한

보따리씩 사다가 읽었다. 논문도 있고 논조도 어려워 이해할 수 있는 글이 별로 없었지만 열심히 읽었다.

재수 시절 혼자 그렇게 끙끙 앓고 지내다가 경기고에 들어가니 정광필, 이종걸 등 마음을 나눌 친구들이 생겼다. 똑똑한 친구들과 독재에 대한 분노를 공유한 노회찬은 유신체제를 비판하는 유인물을 제작해 학교에 배포하자고 제안했다. 다들 흔쾌히 응했다.

원문은 노회찬이 썼으나 등사가 문제였다. 철필로 긁으면 공신력도 없거니와 글씨체가 드러나 체포되니 타자를 쳐서 등사하기로 했다. 타자기가 귀한 시절이고 칠 줄도 몰랐다. 청타라 해서 푸른 등사원지에 타자를 쳐주는 몇군데 청타집을 찾아다녔으나 다들 원문을 읽어보고는 깜짝 놀라 거절하는 것이었다. 신고당하지 않은 것이 다행이었다.

겨우 한군데 청타집에 사정해서 타자를 친 다음, 공범 중 1명이 다니는 부천의 한 교회로 갔다. 전철이 없던 시절이라 완행기차를 타고 소사역에 내려 밤중에 몰래 교회에 들어가 등사를 시작했다. 그런데 한참 등사 중일 때 목사가 불쑥 들어왔다. 밤중에 불이 켜진 것을 보고 온 것이었다.

"이제는 다 끝났구나, 신고당해 감방에 가고 학교에서 퇴학당하겠구나 생각했지요. 근데 목사님이 우리가 등사해놓은 유인물을 한장 집어들고 죽 읽어보더니 다시 내려놓고는 단 한마디도 않고 나가서 문을 닫아주는 거라. 참 고마운 목사님이었지요."

무사히 1200장 정도를 등사한 일행은 아무도 없는 시간에 학교에 들어가 책상 속에 한장씩 넣어두었다.

등교한 학생들이 전단을 읽어보고 웅성거리자 학교가 뒤집어졌다. 교장은 학생들의 집단행동을 우려해 즉시 조기방학을 선포하고는 모두 집에 가라고 내몰았다. 학생들이야 방학이 당겨졌으니 신이 났다. 누가 뿌렸는지 몰라도 고맙다고 떠들어대며 몰려나왔다. 밖에 나와보니 경찰이 정문부터 학교를 빙 둘러 감싸고 있었지만 문제가 더 확대되지는 않았다.

이 일을 통해 규합된 친구들에게 노회찬은 기초부터 공부하자고 제안했다. 아무런 선배도 없이, 스스로 생각한 제안이었다. 아무런 사회과학적 기초지식이 없는 상태로 선택한 과목이 철학이었다. 지금은 없어진 종로서적에 가서 하드커버로 된 두꺼운 『세계철학사』를 사서 공부를 시작했다. 소련과학아카데미에서 출간한 『세계철학사』와는 아무 상관 없는, 플라톤이니 칸트가 등장하는 부르주아 철학사였다. 도움이 될 리도 없고 재미도 없어 얼마 만에 포기하고 『다리』『사상계』를 함께 보는 시사토론 모임으로 바꿨다.

이듬해인 1974년 4월 3일은 민청학련(전국민주청년학생총연맹)이라는 이름으로 전국의 주요 대학과 고등학교에서 공동 시위를 기획한 날이자, 박정희가 군대를 동원해 대학가에 위수령을 내리고 민청학련 관련자는 사형까지 내릴 수 있는 긴급조치 4호를 발표한 날이었다.

아침에 등교하던 경기고 학생 하나가 교문 밖에서 어떤 대학생이 선생님 주라며 건넨 서류봉투를 받아다가 교탁 위에 올려놓았다. 선생이 오기 전에 궁금한 학생들이 열어보니 유신체제 반대 투쟁을 선동하는 민청학련 명의의 유인물이었다.

노회찬은 교실 문을 잠가 선생들의 진입을 막고 큰 소리로 유인물을 낭독했다. 학생들은 박수를 치며 동조했고 즉석에서 독재정부를 규탄하는 시사토론회가 열렸다. 학생들의 수업 거부와 농성이 학교 전체로 퍼져나가자 학교 측은 또다시 휴교를 선포했다. 교실에 들어갈 수 없게 된 학생들은 노회찬을 중심으로 도서관에서 시사토론을 했다.

경기고 학생들의 이날 수업 거부는 전국이 공포로 얼어붙은 당시로서는 큰 사건이었다. 민청학련이라는 이름으로 기획되었던 이날의 시위는 대부분 실패해버렸는데 뜻밖에 고등학교에서 터져나왔기 때문이다.

이 두 사건 외에도 고등학교 시절의 무용담이며 문화, 예술과 관련된 일화는 무궁무진하다. 자연히 최고의 성적을 유지할 수는 없었다. 졸업과 함께 서울대 철학과에 지원했으나 낙방하고 곧바로 입영 영장을 받는다. 베이비붐 세대라 웬만하면 현역병에서 제외될

때라 눈이 나쁘다는 이유로 방위병이 되었다.

1978년에 제대를 하고 다시 입시를 치러 고려대학교 정치외교학과에 합격했다. 친구들은 대개 75학번인데 4년 늦은 79학번이 된 것이다.

"대학에 간 이유는 오로지 데모를 하기 위함이었습니다. 고등학교 때 이미 혁명을 꿈꾸고 있었으니까요. 친구들이 대학에서 데모를 주동하다보니 대학에 가기 전에도 벌써 몇번 경찰서에 끌려가서 조사를 받기도 했고요."

신입생이라지만 벌써 졸업했을 나이인데다 이미 고등학교 1학년 때부터 경력이 화려한 그가 들어오자 입학년도로는 선배이던 친구들이 곧바로 이념서클을 맡겼다. 1학년이 이념서클을 지도하는 특이한 모양새가 된 것이다.

유신독재의 마지막 해이던 1979년부터 시작해 4년 내내 마음껏 데모를 했다. 여러 이념서클을 지원하고 고려대 처음으로 학회를 만들어 지도하는 등 학생이 아니라 직업운동가로 살았다.

이렇게 열심히 학생운동을 했으나 그는 학생운동이야 지나가면서 자동으로 하는 것이라 생각했다. 나머지 긴 인생은 노동운동에 바치기로 했다. 그렇지 않아도 5·18광주민주화운동을 목도한 많은 대학생들이 정치운동만으로는 사회를 바꿀 수 없다는 절박감으로 노동자·농민·빈민 등 기층민중운동을 지향할 때였다.

성적과 취업에 목숨이 걸린 요즘과 달리 대학의 성적 관리가 느슨하던 시절이었다. 특히 운동권 학생이라면 출석을 거의 안 해도 시험만 치르면 학점을 주어 빨리 졸업시켜버리려 했다. 노회찬은 4학년이 된 1982년 서울기계공고 부설 영등포청소년직업학교에 등록해 전기용접기능사 2급 자격을 취득하고 현장취업에 나섰다. 대학교는 시험만 보러 가서 졸업장은 받았다.

처음 취직한 곳은 인천에 있던 현대정공의 하청공장이었다. 노동운동을 하려면 본인이 직접 노동자로 평생을 살아야 한다는 러시아혁명기의 인민주의적 분위기 속에 3년 가까이 열심히 공장에 다녔다. 이 3년간 받은 월급이 20여년 후 국회의원이 되기 전까지 받아본 거의 유일한 정기 수입이었다.

노동자 생활은 오래가지 못했다. 그가 공장에 다니는 동안, 대학생들 사이에는 현장취업 열풍이 불어 1985년경에는 전국의 위장취업자가 1만명은 되리라는 말까지 돌았다. 학교별로 소그룹을 짓거나 개별적으로 공장에 흩어진 이들을 전국적으로 조직하는 작업이 필요했다. 그렇지 않아도 수차례 시위를 주동하느라 경찰의 추적이 시작되어 공장에 다닐 수도 없게 되었다.

경찰은 그에게 공식적으로 수배령을 내렸고, 7년간의 긴 지하활동이 시작되었다. 정기 수입이라곤 없이 도대체 어떻게 먹고살았는지 알 수 없는, 인생의 또다른 미스터리가 시작된 것이다.

인민노련에서 민주노동당까지

보수파가 이미 확보한 현실을 지키려는 사람들이라 이권 다툼만 한다면, 진보파는 아직 오지 않은 미래를 상상해야 하니 논쟁이 필연적이다.

노회찬도 알게 모르게 우리 진보운동을 좌우한 중대한 논쟁과 이합집산의 한복판에 있던 인물이다. 독자적 진보정당을 만들 것인가 말 것인가, 민족 문제인가 계급 문제인가, 사회주의인가 사회민주주의인가 등의 논쟁으로 야기된 주류 운동권의 분열 또는 연합을 이끌어낸 사건들마다 그의 모습을 발견할 수 있다.

이 논쟁들의 시원을 거슬러 올라가자면 인천지역민주노동자연맹(인민노련)이라는 큰 바위를 만난다. 1970년대 운동가들이 반독재 민주주의운동이라는 큰 틀 안에서 별다른 논점 없이 뭉쳐 있었다면, 1980년대 운동은 그 벽두부터 온갖 정파의 난립과 파쟁으로 얼룩졌다. 나쁜 의미든 좋은 의미든, 활동가들은 어딘가에 소속되거나 혹은 소속되기 위해 수백종은 될 팸플릿을 읽고 밤새 논쟁을 벌여야 했다.

인민노련은 1986년부터 인천, 주안, 부천 등 경인 지역에서 활동하던 위장취업자들이 결합해 투쟁을 전개하다가 1987년 6·10민주항쟁의 와중에 공식적으로 결성을 선포했다. 지도부는 주대환, 노회찬, 최봉근으로 구성되었는데 민중민주의 성향이 강한 인물들이었다. 그 때문인지 결성 직후 민족해방 계열이 일방적으로 이탈하면서 조직의 성향은 더욱 선명해졌다.

인민노련은 당시 유행처럼 번지고 있던 민족해방 계열의 주체사상파와 민중민주주의 계열의 극단파이던 제헌의회파를 양극단의 교조주의로 비판하며 실사구시적인 활동을 표방했다. 이에 양쪽으로부터 사민주의니 개량주의라는 비난을 받기도 했으나 그 현실주의적인 노선은 인천뿐 아니라 전국의 활동가들로부터 상당한 지지를 확보해갔다. 탁월한 논객인 주대환, 권우철, 황광우 등이 집필한 기관지의 영향도 컸다. 단시간 내에 정회원만 600명을 넘어서서 당시 전국에서 제일 큰 지하조직이라고 자부할 만했다.

인민노련에서 노회찬이 맡은 임무는 조직부장이었다. 그의 조직 수완에 대해 주대환은 이렇게 증언한다.

"노회찬씨는 자기주장을 먼저 내세우지를 않습니다. 다른 사람들이 서로 자기주장을 내세워 논쟁을 벌이도록 내버려두고는 그중 다수를 차지한 주장을 선택해 자기 것으로 소화해 결론을 삼습니다. 자연히 큰 반발 없이 조직화에 성공합니다. 정략적으로 그렇게 한다기보다 본래 성품이 그런 사람이라고나 할까요? 타고난 조직가지요."

조직 담당 중앙위원으로, 기관지 『사회주의자』 편집위원으로 인민노련을 이끌던 노회찬은 결국 수배 7년 만인 1989년 12월 24일, 성탄절 전야에 체포되어 2년 반의 옥살이를 해야 했다.

한편, 체포되기 1년 전인 1988년 12월에는 인천 지역의 다양한 노동자 조직에서 맹활약하고 있던 김지선과 결혼했다. 노회찬보다 한살이 많아 1955년생인 김지선은 중앙여중을 졸업하고 16세 나이로 인천 대성목재 등 공장에 다니며 노동자로 일하다가 노동운동을 시작해 1970년대에 두차례나 구속된 적이 있는 맹렬한 활동가였다. 처음 보았을 때부터 그녀에게 반해버린 노회찬은 둘이 처음 만난 자리에서 결혼하자고 구애했다가 거절당하는 등 적극적인 공세로 결혼에 성공한다.

둘 사이에는 아이가 없다. 많은 사람들이 오해하듯이 사회운동을 열심히 하려고 일부러 아이를 안 가진 것이 아니라, 잇단 감옥살이와 수배로 인한 도피 생활로 그럴 여유가 없다보니 임신 적령기를 놓쳐버린 것이다. 아이를 무척 좋아하는 두 사람은 입양해보려고 신청했으나 집도 수입도 없다고 해서 자격 미달로 거절당하기도 했다.

1987년 12월에 치러진 대통령선거에서 백기완을 민중진영의 독자 후보로 내세운 바 있던 인민노련과 진보정당 추진 세력은 우여곡절 끝에 1992년 4월 진보정당추진위원회(진정추)로 결집한다. 그리고 그해 12월 대통령선거를 맞아 다시 백기완 후보를 내세웠다.

감옥에서 나온 노회찬은 백기완 선거대책본부 조직위원장으로 활동했다.

선거 결과는 보잘것없었다. 운동권의 다수가 비판적 지지라는 명분으로 김대중 후보를 지지하는 상황에서 백기완 후보는 1퍼센트밖에 지지를 얻지 못했고, 소위 3당 합당으로 보수세력과 손잡은 김영삼이 당선되었다. 이에 많은 사람들이 진보정당 운동을 포기하고 떠났지만 노회찬은 끝까지 남는다.

고군분투하던 진보정당 추진 세력은 5년 후인 1997년 다시 대통령선거를 맞아 민주노총, 전국연합 등과 합쳐 국민승리21을 결성하기에 이르렀다. 이때도 노회찬은 진보정당추진위원회의 후신인 진보정치연합의 대표로 이를 주도했다. 국민승리21의 대통령 후보로 나선 권영길 역시 참패했으나 김대중의 대통령 당선으로 진보정당의 존립 여지는 넓어졌다.

민주정권 수립에 힘입은 진보정당 추진 세력들은 2000년 1월 민주노동당을 결성했고, 얼마 후에는 그동안 외면해온 민족해방 계열도 대거 입당해 진보정당의 새로운 시대를 연다. 이때부터 민족해방 계열은 자주파로, 노회찬이 속한 민중민주주의 계열은 평등파로, 권영길로 대변되는 중도파는 국민파로 불리게 된다.

민주노동당은 2002년 지방선거와 2004년 국회의원 총선에서 크게 선전한다. 비례대표 8명을 포함한 10명의 국회의원을 배출,

조봉암의 진보당 이후 44년 만에 진보정당의 원내 진출에 성공했다. 당시 총선은 노회찬에게도 처음으로 국회의원 배지를 안겨주었다. 선대본부장을 맡았던 그는 당선권에서 멀다고 보고 비례대표 8번으로 등재했는데 뜻밖에 턱걸이로 당선된 것이다.

선거대책본부장으로서 선거를 지휘하는 동안 노회찬은 민주노동당 홈페이지에 꼼꼼히 일지를 기록했는데, 이는 '노회찬의 난중일기'라는 별칭으로 널리 알려졌고 『힘내라 진달래』(사회평론 2004)라는 제목으로 출간되어 제13회 전태일문학상 특별상을 수상했다. 한국 현대 노동운동의 기원이라 할 수 있는 전태일의 이름으로 주어진 이 상은 그가 받은 중 가장 가치 있는 상일 것이다.

초선 의원임에도 노회찬의 활약은 놀라웠다. 그는 국정감사의 시민단체 모니터단이 뽑은 국정감사 우수의원, 언론사 정치부 기자들이 뽑은 신사적인 의원, 시민운동가들이 뽑은 최우수 의정활동 1위, 방송국 피디들이 뽑은 최우수 의원 1위 등에 선정된다. 출석률과 발언 등의 지표에서도 최우수 의원 중 하나였고, 초선 4년간에만 무려 467건의 법안을 발의해 31건을 가결시켰다. 이후에도 노회찬은 의정 활동 7년 동안 1029건의 법안을 발의하며 호주제 폐지와 장애인 차별 금지, 비정규직 노동자와 취약계층 노동자 보호 법안 등 사회적 약자를 위한 입법 활동에 앞장섰다.

노회찬이라는 이름을 일반 국민들에게 더욱 널리 알리게 된 계기는 이른바 '삼성 X파일' 사건이었다. 1997년 대선 과정에서 안기부가 삼성그룹 이학수 부회장과 홍석현 중앙일보 사장의 통화를 불법으로 도청한 녹음 테이프가 공개되었다. 그속에는 삼성이 한나라당 이회창 후보 및 검찰 고위 간부들에게 거액의 뇌물을 뿌리며 인맥을 관리했다는 증거가 생생히 담겨 있었다.

이 사실은 당시 MBC 이상호 기자가 먼저 방송을 통해 공개했는데 이때는 뇌물을 받은 검사들의 실명을 공개하지는 않았다. 노회찬은 해당 검사 7명의 실명을 공개해 불의 앞에 차별이 없음을 선포했다. 이에 검찰은 명예훼손죄와 통신비밀보호법 위반 혐의로 이상호 기자와 노회찬을 기소하고 나섰다. 길고 긴 재판 끝에 노회찬은 징역 6월에 자격정지 1년을 받아 국회의원 자격까지 잃었으나 2009년 2심에서 무죄 판결을 받는다.

한편 2007년 12월, 다시 대선이 돌아왔다. 노회찬은 민주노동당 당내 경선에 나섰으나 권영길에 패했다. 북한 체제에 비판적이라는 이유로 평등파와 대립하던 자주파가 권영길을 지지한 결과였다. 그러나 대선에서 권영길은 3퍼센트를 넘기지 못한 채 한나라당 이명박이 당선된다.

게다가 민주노동당은 2007년 선거 후 심각한 내부 갈등에 빠져들었다. 자주파 계열의 중앙당 당직자가 당원 명부를 북한 노동당에 보고한 사건 등으로부터 시작된 내홍 끝에 노회찬은 심상정 등과 함께 민주노동당을 탈당해 진보신당을 결성한다. 2008년의 일이다.

옳은 길은 어디에 있는가

2009년 3월 단독으로 진보신당 당대표에 출마한 노회찬은 98퍼센트에 이르는 지지율로 당선된다. 이듬해에는 인민노련 동지이자 민주노동당 의원직을 함께했던 조승수가 당대표로 선출되었다.

진보정당 운동을 분열시켰다는 비난을 무릅쓰고 어렵사리 민주노동당과 분당해 나온 진보신당은, 그러나 창당 4년째인 2011년 들어 민주노동당과의 재통합 논란에 휩싸인다. 2012년 총선을 앞두고 진보정당이 분열된 상태로는 어느 당도 국회에 진출하기 어려우니 다시 손을 잡자는 주장이 안팎에서 등장한 것이다.

진보신당 다수 당원들은 재결합에 반대했다. 진보신당 대의원대회는 공식적으로 통합 안건을 부결시켜버렸다. 그런데 노회찬은 대의원대회의 결정을 거부하고 심상정, 조승수 등과 함께 진보신당을 탈당해 새진보정치연대라는 임시기구를 만든다. 그리고 유시민이 이끌던 국민참여당, 민주노동당과 결합해 통합진보당(통진당)을 창당하고 당 대변인으로 선임되었다.

합당은 일단 상당한 성공을 거둔 것처럼 보였다. 2012년 4월

11일의 총선에서 노회찬은 서울 노원병 선거구에 출마해 두번째로 당선된다. 통진당은 노회찬 외에도 12명을 당선시키는 성과를 이뤄냈다. 그러나 여러 사람들이 우려했던 대로, 통진당은 선거 직후 또다시 극도의 혼란에 빠져버린다.

당원들에게 거의 알려지지 않았던 인물인 이석기 등이 비례대표로 선정되는 과정에 대한 의혹으로부터 시작된 분란은 한달 후인 5월 12일 대의원대회에서 절정에 이르렀다. 사실상 민주노동당 시절의 자주파 출신들로 이뤄진 당권파를 비판하던 유시민, 조준호 등이 그 지지자들에 의해 공개적으로 집단폭행을 당한 것이다. 더구나 이 장면이 텔레비전을 통해 전국에 생생히 방송됨으로써 진보정당 운동의 도덕성에 큰 타격을 입혔다. 감탄사를 자아내는 촌철살인의 논객으로 유명한 노회찬은 직설적인 비판이나 지적을 삼가는 편이지만 이 사건을 겪은 후에는 "이석기 일파는 통진당 내의 지하당이었다"며 대놓고 개탄했을 정도였다.

이날의 집단폭행을 계기로 노회찬, 심상정 등 5명의 의원은 또다시 통진당을 탈당해 2012년 10월 18일 진보정의당을 만들고 2013년에는 정의당으로 당명을 개정했다. 노회찬은 삼성 X파일 사건으로 1심에서 실형을 선고받는 바람에 당선 9개월 만에 의원직을 상실했으나 2018년 현재까지 6년째 정의당을 지키며 원내대표까지 맡는다.

이렇듯 진보정당의 이합집산 과정에서 늘 한복판에 있었던 탓에 어떤 이들은 노회찬이 진보운동권을 분열시켰다고 비난한다. 그가 세차례의 분당 또는 합당 과정에서 적지 않은 오류를 범했다는 주장을 틀렸다고만 할 수는 없을 것이다. 하지만 또 많은 사람들은 그의 편이다. 맥이 끊겼던 진보정당 운동을 되살린 공로가 우선이요, 진보운동 내부에 일종의 금기처럼 되어 있던 북한 정권에 대한 비판, 민족해방 계열에 대한 비판에 주저하지 않았던 그의 용기를 지지하는 것이다.

노회찬의 길이 항상 옳았다고 할 수도 없지만, 항상 옳은 단 하나의 길이 존재하는 것도 아니다. 그를 비판하는 사람이든, 지지하는 사람이든, 매 시기의 상황마다 옳다고 판단되면 연대하고, 틀리다고 판단되면 비판하면서 큰길을 함께 걷는 자세가 필요하지 않을까? 무조건 의견을 일치시켜야 한다, 통일해야 한다는 전체주의적이고 폭력적인 논리보다는, 우리 안에서조차도 서로 다름을 인정하고 토론과 합의를 통해 조화를 이루는 것이 진정한 진보운동의 방식이 아닐까?

노회찬 자신은 이런 문제에 어떤 관점을 가지고 있을까? 영화감독 변영주와의 인터뷰에서 한 말을 인용하는 것으로 이야기를 마치자. 진보신당 대표를 하던 2010년의 녹취록이다.

"진보를 좋아하고 진보를 지향하는 사람들 속에 가장 부족한 것이 다원주의, 다양성에 대한 이해와 관용의 태도가 굉장히 부족하다는 생각을 합니다. 자기하고 견해가 다르면 그것이 작은 일이든 큰일이든 선을 확 그어버리는 거죠. 저는 진보가 진보답지 않으면 보수를 이길 수 없다고 봐요. 자기가 지향하는 가치가 진보라는 이유로 자신의 모든 것을 다 합리화할 순 없는 것이고, 끊임없이 진보는 진보적인 방식으로 풀려고 노력해야 하는데 오히려 바깥에서 진보세력을 볼 때 편협해 보이는 것이 현실이고 이것이 전혀 근거가 없는 말은 아니라는 것이죠. 물론 과도하게 비판하는 면도 있지만 우리가 근거를 제공했다는 거죠. 이 싸움은 끝이 없는 것 같아요."

*

국회의원 회관에 찾아가 면담을 하던 날, 노 의원은 유별나게 밝은 표정이었다. 인민노련부터 진보신당까지 20년을 같은 정파, 같은 정당에 몸담은 사이였지만 사적인 대화를 나눈 적은 없었는데 성장기에 대한 취재였기 때문이었을까, 무척이나 즐거운 태도로 살아온 이야기를 해주었다. 여러 보좌관을 놔두고 직접 커피를 타주던 그 모습이 마지막 만남이었다니 여전히 마음이 무겁고 답답하다.

노회찬이라는 인물을 수식하는 많은 단어들이 있었고 앞으로 만들어지겠지만, 나는 그를 이중 잣대를 허용하지 않았던 원칙주의자이자 가장 높은 자존심을 가졌던 사람으로 기억하고 싶다. 남쪽의 독재를 비판한다면 북쪽의 독재도 지적한 사람, 우파의 폭력을 비판한다면 좌파 내부의 폭력도 비판한 사람, 타인에게 청렴을 요구한다면 자기 자신에게는 더욱 청렴할 것을 요구한 사람으로 말이다. 남들은 아무렇지도 않게 여길 일조차도 극도의 수치감을 느끼는, 수치스럽게 사느니 죽음을 택한 자존심 강한 사람으로 말이다.

노회찬, 그는 중학생 시절부터 수도 없이 불의에 저항하여 매를 맞고 옥살이를 하던 저돌적인 투사였지만, 그를 아는 사람들은 하나같이 말한다. 너무나 착한 사람, 천성이 선한 사람이었다고. 실로 그는 진정 용기 있는 사람인 동시에 한량없이 부드러운 사람이었다. 그래서 정치 노선으로는 늘 소수파였음에도 개인적으로는 널리 사랑을 받았다.

우리 세대에는 다시 만나기 어려울 멋쟁이 정치가, 따뜻한 양심가의 죽음을 애도하며, 그의 안타까운 죽음이 이 나라 정치권이 변화하는 한 계기가 되기를 바라는 마음이다.

지혜의 시대

우리가 꿈꾸는 나라

초판 1쇄 발행 / 2018년 9월 17일
초판 3쇄 발행 / 2019년 2월 4일

지은이 / 노회찬
펴낸이 / 강일우
책임편집 / 김효근 권은경
조판 / 박지현
펴낸곳 / (주)창비
등록 / 1986년 8월 5일 제85호
주소 / 10881 경기도 파주시 회동길 184
전화 / 031-955-3333
팩시밀리 / 영업 031-955-3399 편집 031-955-3400
홈페이지 / www.changbi.com
전자우편 / nonfic@changbi.com